KB103086

태평양 전쟁의
한국인들

KBS 다큐 인사이트

태평양 전쟁의
한국인들

다큐멘터리 〈태평양 전쟁의 한국인들〉 제작팀
이상아 지음

우리가 잊고 있는 전쟁,
그 속에서 살아남은 사람들

청아출판사

• 이오지마 수용소의 한국인들 •

미 해군통신대 영상, 미국 국립문서기록관리청 소장

머리말

KBS 다큐멘터리 〈태평양 전쟁의 한국인들〉 방송을 위해 미군과 연합군이 전쟁 당시 남긴 영상 기록을 찾는 작업은 망망대해에 떨어진 금가루를 모아 붙여 작은 금덩어리를 만드는 과정이었다. 방송 프로그램의 특성상 영상 자료 위주로 찾아야 했는데, 미 육해공군과 해병대, 뉴스 필름과 홍보물, 연합군의 방대한 자료가 각기 다른 여러 기관에 흩어져 있었다. 이 지역에 한국인이 있었을 수도 있다는 의문과 희미한 가능성만 갖고 시작하기에는 찾아야 할 곳이 너무 많았다.

태평양 전쟁이 익숙지 않았던 제작진에게는, '제2차 세계 대전의 끝 무렵인 1941년부터 1945년까지 일본과 연합국 사이에 벌어진' 태평양 전쟁이라는 사건 그 자체도 문제였다. 아시아-태평양 전구(戰區, theater of War), 남서 태평양 전구, 동남아시아 전역을 비롯한 태평양 일대와 중국, 만주 일대를 전역으로 하는 이 전쟁은 주축인 미국과 일본에 막대한 피해를 줬고, 종전 후 일제의 많은 식민지가 독립하는 결과를 낳았다. 나가사키와 히로시마에 투하된 원자 폭탄으로 입은 피해가 현재까지도 남아 있는, 오래되지 않은 역사다. 그러나 한국인이 배워야 할 역사에서 빠져버린 이 전쟁에, 제작진은 적응할 시간이 필요했다. 미군과 연합군의 진군 일정을 따라가며 이름도 낯선 섬들에서 찍은 영상을 조사하려고 몇 번이나 세계 지도를 살피며 선을 그리고 점을 찍었다.

태평양 위에 찍힌 점들에는 미군이 참전을 결정하고 수행한 아일랜드 호핑 작전의 대상이 되었던 섬들이 있었다. 미국 국립문서기록관리청National Archives 카탈로그와 사우스캐롤라이나 대학교University of South Carolina의 미 해병 컬렉션에서 타라와 환초, 콰잘레인, 트럭섬, 사이판, 괌, 티니안, 펠렐리우, 이오지마, 오키나와를 우선 검색해 리스트를 만들었다. 남은 일은 리스트의 영상을 하나하나 보며 한국인이 찍혔는지를 확인하는 작업이었다.

미 육해공군과 해병이 제작한 영상이나 뉴스에는 방대한 정보가 담겨 있었다. 영상에서 육군은 나무를 헤치고 동굴을 뒤지며 일본군을 찾거나 해군이 먼바다에서 섬에 포격을 퍼부었다. 공군이 찍은 항공 영상으로 전체적인 지형을 파악했으며, 해병의 영상에서 섬에 남겨진 포로들을 보았다. 전황을 따라가며 미국 내에서 전쟁을 어떻게 바라보고 있는지 살피기 위해 당시 보도된 뉴스를 듣다 짧게 찍힌 한국인 포로 영상을 발견하기도 했다.

섬에 진입한 미군에게 한국인이 최우선이 아니라는 점은 자료 검색을 더 어렵게 만들었다. 미군이 당시 포로의 인적 사항을 파악하고 색인해 구분해 두었지만, 그들이 주로 싸워야 할 적은 일본이었고 그들에게 중요한 것은 미군이 작전을 어떻게 수행했는가였다. 식민지 국민은 우선순위가 아니었다.

전쟁 당시 모든 포로는 포획된 후 인적 사항을 적은 카드를 작성했다. 미군이 포로의 신원을 파악하는 것은 전쟁이 끝난 후 포로 송환을 위해 중요한 작업이었다. 전쟁 포로가 인적 사항을 작성하는 것처럼, 영상을 찍은 군인들은 본인이 찍은 영상에 간단한 설명을 작성해야 했다. 그 설명은 촬영된 필름과 함께 보관됐고, 현재 영상을 보관하는 기관들은 그 설명을 바탕으로 영상에 찍힌 사람에 대한 정보를 제공한다.

영상과 설명을 보며 한국인이 나온다는 영상을 확보해도, 영상에 나온 사람이 진짜 한국인인지 확인해야 했다. 소리가 들리지 않는 영상 속 한국인이 노무자로 일했던 장소에는 한국인뿐 아니라 일본

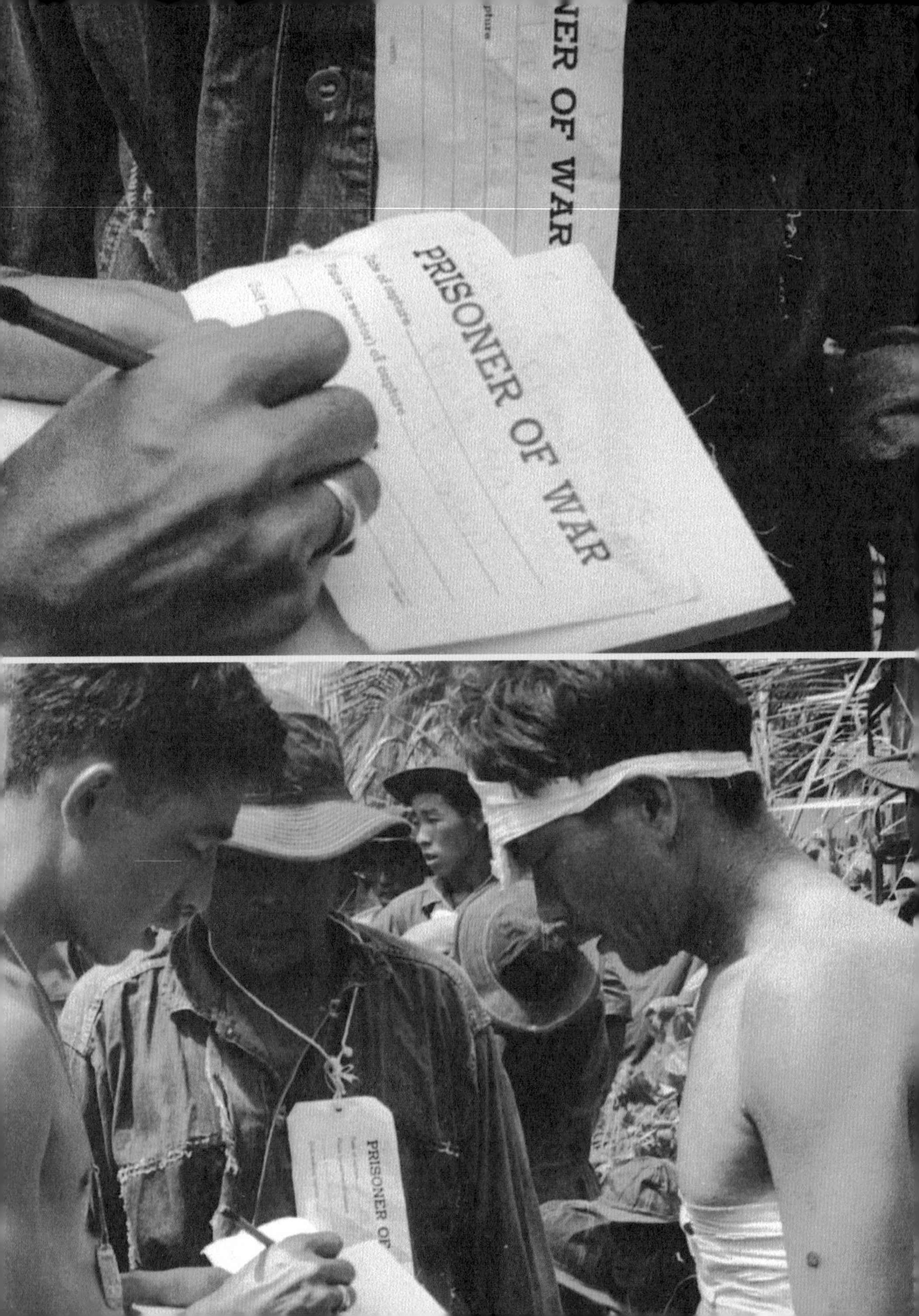
PRISONER OF WAR
PRISONER OF WAR

민간인, 대만인, 중국인 등 외양이 비슷한 사람들이 많았다. 태평양 전쟁 한가운데 있던 한국인을 보여 주려면 정확히 확인해야 했다. 한국인임을 특정하기 어려운 일부 영상도 있었으나, 많은 경우 영상 설명이나 화면에 보이는 'Korean'이라는 글자를 통해 영상에 나오는 사람들이 한국인임을 확인할 수 있었다.

필름이 제작된 당시 같이 작성된 카드에 'Korean'이라고 색인이 되어 있다 하더라도 미군이 한국인을 제대로 구분하지 못했을 가능성도 생각해야 했다. 실제 많은 경우 'Natives(현지인)'라고 색인돼 있는 영상에 한국인이 보였고, '한국인'으로 색인되어 있는 영상에서 현지인만 발견하기도 했다. 영상을 몇 번이고 반복해 보면서 거듭 확인하는 것은 필수적인 작업이었다.

콰잘레인에서 포획된 전쟁 포로들이 진짜 한국인인가를 확인하는 작업은 영상을 보는 과정에서 이루어졌다. 그들의 신원 카드에는 이미 인쇄된 항목 외에 미군이 연필로 적어 넣는 부분이 있었지만, 흐릿해 확인할 수 없었다. 그런데 신원 카드에 날짜를 적은 미군의 손이 아랫줄로 내려와 'KOREAN'이라는 알파벳을 그리는 것을 보고 그곳에 모인 남자들이 한국인이라는 것을 확신했다.

◀ 콰잘레인에서 포획된 전쟁 포로들의 인적 사항을 파악하는 미군. 미 육군통신대 영상, 미국 국립문서기록관리청 소장

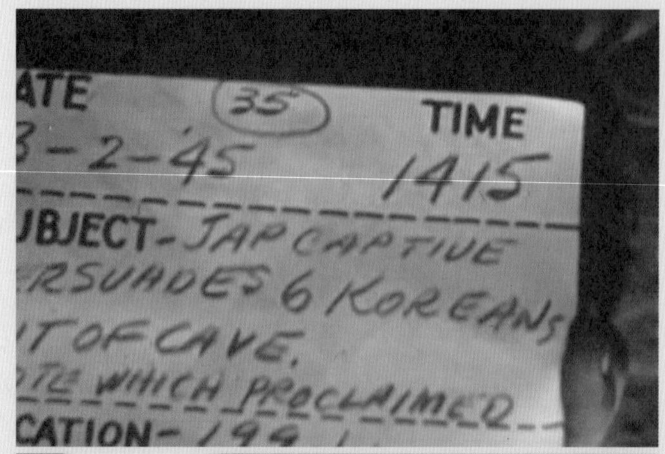
ATE
35
TIME
3-2-45
1415
UBJECT- JAP CAPTIVE
ERSUADES 6 KOREANS
IT OF CAVE.
OTE WHICH PROCLAIMED
CATION-

이오지마 전투에서 미군이 끌어낸 동굴 속 일본인에 한국인이 섞여 있다는 것을 알아낸 것도 영상 속 탭 사인에 적힌 노트 덕이었다. PD와 함께 '민간인'으로 색인된 영상들을 여느 때처럼 검토하던 중 우연히 눈에 들어온 '6 KOREANS'. 이오지마 동굴에서 미군에 항전했던 사람 중 한국인이 있을 거로 생각하지 못했던 상황에서 발견한 기적 같은 영상이었다.

이전에 보지 못했던 독특한 형식의 영상도 있었다. 전 세계 전장을 직접 겪은 미 육군과 해군 카메라맨의 입에서 생생하게 전투의 현장을 듣는 〈ARMY-NAVY SCREEN MAGAZINE〉이었다.

제작진은 21호에서 미 해병대가 76시간 만에 주요 일본 기지를 탈환한 '피의 타라와 전투'를 직접 취재한 육군 소속 카메라맨 노먼 해치의 인터뷰를 발견했다. 해치의 인터뷰는 미군의 편집되지 않은 영상 촬영본이나 방송용 뉴스와는 또 다른, 새로운 포맷이었기 때문에 방송에 사용했다. 해치는 섬에 1차로 진입한 대원이었고, 해변에서 약 1천 야드(약 1*km*) 떨어진 수륙양용차에서 대기하며 영상을 촬영했다.

방송에 사용하지 못한 자료들도 있었다. 원폭 이후 폐허가 된 나

◀▲ '6 KOREANS', 영상에 찍힌 내용이 쓰인 종이에서 발견한 문구. 미 해군 영상, 미국 국립문서기록관리청 소장

◀ 미 육군 소속 카메라맨 노먼 해치, 〈ARMY-NAVY SCREEN MAGAZINE NO.21〉. 미국 국립문서기록관리청 소장

가사키의 모습을 담은 1946년 5월 영상에서 제작진은 한국어로 된 가게 간판을 발견했다. 하지만 한국인 모습이 직접 보이지 않았고, 해당 점포의 배경 정보를 파악하기도 힘들었기 때문에 방송에는 사용하지 못했다. 폐허가 된 시가지의 빈 건물에 덩그러니 걸려 있는 한국어 간판에서 나가사키 원폭 피해자 중에는 한국인도 있었을 것이라고 추측해 볼 뿐이었다.

미 국립문서기록관리청과 사우스캐롤라이나 대학교의 자료실 밖에도 당시 영상이 있을 가능성이 있었다. 제2차 세계 대전과 관련한 다큐멘터리를 보며 그들이 사용한 자료 출처를 정리했고, 구글과 유튜브에서 섬들의 이름과 'the Pacific War', 'Koreans'를 검색해 끝없이 이어진 영상과 문서 목록에서 방송에 필요할 만한 영상의 출처를 뽑았다. 이렇게 골라낸 기관에서 여러 키워드로 검색을 거듭했고, 담당자에게 연락해 해당 영상들과 그들이 보관하고 있는 미공개 영상에 대해 질문했다. 확실한 미공개 영상이 있는지도 확실하지 않은, 끝이 보이지 않는 작업이었다.

이러한 작업을 거쳐 국립핵과학역사박물관National Museum of Nuclear Science & History에서 수집한 원자 폭탄을 탑재하는 미군 항공기 영상, 호주 전쟁기념관Australia War Museum에서 수집한 뉴기니 관련 영상, 북마리

▶▲ 나가사키 시가지 건물에 걸린 한국어 간판. 미 육군통신대 영상, 미국 국립문서기록관리청 소장

▶ 폐허가 된 나가사키. 미 육군통신대 영상, 미국 국립문서기록관리청 소장

아나 인문회Northern Mariana Humanities Council와 연구자 알렉산더 아스트로스Alexander Astroth, 미크로네시아 세미나Micronesia Seminar에서 수집한 한국인 노무자 관련 영상을 확보했다.

태평양 전쟁이 히로시마와 나가사키에 떨어진 원자 폭탄으로 끝났다는 사실과 그 원자 폭탄으로 발생한 거대한 버섯 모양 구름 이미지는 잘 알려져 있다. 하지만 원자 폭탄이 어디에서 출발했는지, 어떤 모습이었는지는 널리 알려지지 않았다. 제작진은 티니안의 노스필드 비행장에서 원자 폭탄 팻맨이 준비되는 모습과 미군의 B-29 항공기에 탑재되는 모습을 담은 영상을 수집했고 방송으로는 처음으로 태평양 전쟁의 끝을 생생하게 전할 수 있었다.

호주 전쟁기념관에는 '남서 태평양 전구'에 포함된 지역인 뉴기니의 라바울, 부나, 라에 포로수용소 등의 영상이 보관되어 있었다. 영상에서 아주 짧게 등장하는 한국인을 발견했고, 확보한 영상을 방송에 사용할 수 있도록 당시 호주 지역에서 발행된 신문 기사와 해당 주제의 논문 등에 대한 추가 조사를 수행했다.

북마리아나 인문회와 《Mass Suicides on Saipan and Tinian, 1944》의 저자인 알렉산더 아스트로스 씨는 사이판의 당시 상황을 파악하는 데 가장 큰 도움을 주었다. 북마리아나 인문회의 소개로 알게 된 아스트로스 씨는 본인 연구를 위해 수집했던 미군의 수색 전단뿐만 아니라 사이판과 티니안 포로수용소에 있는 한국인 포로들이 찍힌 생생한 사진을 제공해 주었다.

북마리아나 인문회에서 제공받은 영상에는 티니안 지역이 미군에 점령된 후 잡힌 한국인 포로들이 길을 걷거나 한데 모여 앉아 있는 모습이 보인다. 한국을 떠난 지 오랜 시간이 지났을 수 있지만, 영상 속 여성들은 여전히 흰 치마저고리를 입었고 쪽 찐 머리를 하고 있었다.

아스트로스 씨에게 받은 사진에서 전쟁의 참혹함은 찾아보기 어려웠다. 살아가는 환경은 어려워 보였지만, 사진에는 아이를 씻기는 엄마와 형이 있었고, 아들에게 물을 주는 아버지가 있었고, 막 결혼식을 올리는 부부가 있었다. 새로운 시작에 대한 설렘과 편안한 웃음이 있었다.

방송 이후 아스트로스 씨가 제공한 사진에서 본인 아버지의 모습을 발견했다는 시청자 제보를 받기도 했다. 낯선 전쟁의 한가운데 있던 한국인이 "여기에 한국인이 있다." 하고 말을 걸어온 기분이었다.

기다리는 신부와 화동들, 1944년 11월 10일. 미국 국립문서기록관리청 소장, 알렉산더 아스트로스 수집

KBS 다큐멘터리 〈태평양 전쟁의 한국인들〉은 가능한 한 많은 1차 자료를 확보하고 공부해 만들어졌다. 덕분에 그동안 공개되지 않았던 영상과 사진을 통해 일본을 중심으로 이루어졌던 '태평양 전쟁 강제 동원'이라는 주제를 미군과 연합군의 시선에서 바라볼 수 있었다. 한국인에게 생소한 주제인 태평양 전쟁의 전황을 정리하는 한편, 전쟁 속 민간인의 삶 또한 들여다볼 수 있는 값진 경험이었다.

국내에 태평양 전쟁을 주제로 하는 연구자가 많지 않아 제작팀은 확보한 1차 자료로 내부에서 스터디를 진행했다. 방송에 사용된 수치에는 전쟁 당시 발간된 미 해군 보고서가 많은 도움이 되었다. 방송 제작 과정에서 외부의 도움을 최대한 받고자 노력하였으나, 부족한 시간 탓에 더 많은 이야기를 모으는 데는 한계가 있었다.

이번 해외 영상 자료 수집을 진행하며 낯선 역사를 우리 곁으로 가져오는 일이 얼마나 중요한지 다시 한번 느낄 수 있었다. 태평양 전쟁뿐 아니라 더 많은 낯선 역사에 관한 연구와 자료 수집이 이루어져 더 다양한 역사가 우리 곁에서 숨 쉬기를 바란다.

다시 한번 보석 같은 영상 자료를 협조해 주신 알렉산더 아스트로스, 북마리아나 인문회, 미크로네시아 세미나, 미국 국립문서기록관리청, 국립핵과학역사박물관, 사우스캐롤라이나 대학교, 페리스코프 필름과 수집한 영상을 이야기로 멋지게 꿰어 주신 김희은 취재 작가님, 김서경 작가님, 김형석 PD님, 이야기를 빛나게 만들어 주신 BonoLabs와 Colorlab, 김명윤 편집 감독님, 이유미 음악 감독님, 알려지지 않았던 한국인의 역사를 널리 방송해 주신 KBS, 다큐멘터리를 시청해 주신 시청자께 감사드린다.

2022년 5월

다큐멘터리 〈태평양 전쟁의 한국인들〉 제작팀

대표 작가 이상아

목차

머리말 5
전황 22
지도 〈중부 태평양 전구, 남서 태평양 전구〉 24

전쟁의 시작

진주만 29
뉴기니 37
미드웨이 59
호주 69

아일랜드 호핑

아일랜드 호핑 85
타라와 89
마킨 123
콰잘레인 133
사이판 149
티니안 173
이오지마 197
게라마, 도카시키 217
오키나와 본섬 225

전쟁의 끝

히로시마, 나가사키 235

후일담 245
태평양 전쟁 유해 송환기 **김희은** 255

영상 목록 264
참고 문헌 268
도움 주신 기관, 도움 주신 분들 270

전황 1941~1945

1941
12월 7일
일본, 진주만 공습
12월 8일
미국, 영국, 캐나다, 네덜란드, 일본에 전쟁 선포
1942
2월 1일
일본, 네덜란드령 동인도, 뉴기니, 솔로몬 제도 침공, 마닐라, 쿠알라룸푸르, 라바울 점령. 뉴기니 자치령에 주요 기지 설립
2월 19일
호주 본도가 처음으로 공격받음
2월~3월
일본, 항공모함 이용해 인도양 일대에 대대적 공습 감행
영국군, 양곤에서 인도-버마 국경 지대로 철수
3월~
중화민국 해외 원정군, 윈난-버마 통로 전투를 시작으로 북부 버마에 주둔한 일본군 공격 시작
중반
일본군, 포트 모르즈비 작전
6월 5일
미드웨이 해전
8월
연합군, 일본군의 과달카날 비행장 점령 위해 과달카날에 상륙
11월
미군, 과달카날에서 대일본 전투
1943
연초
부나-고나 전투

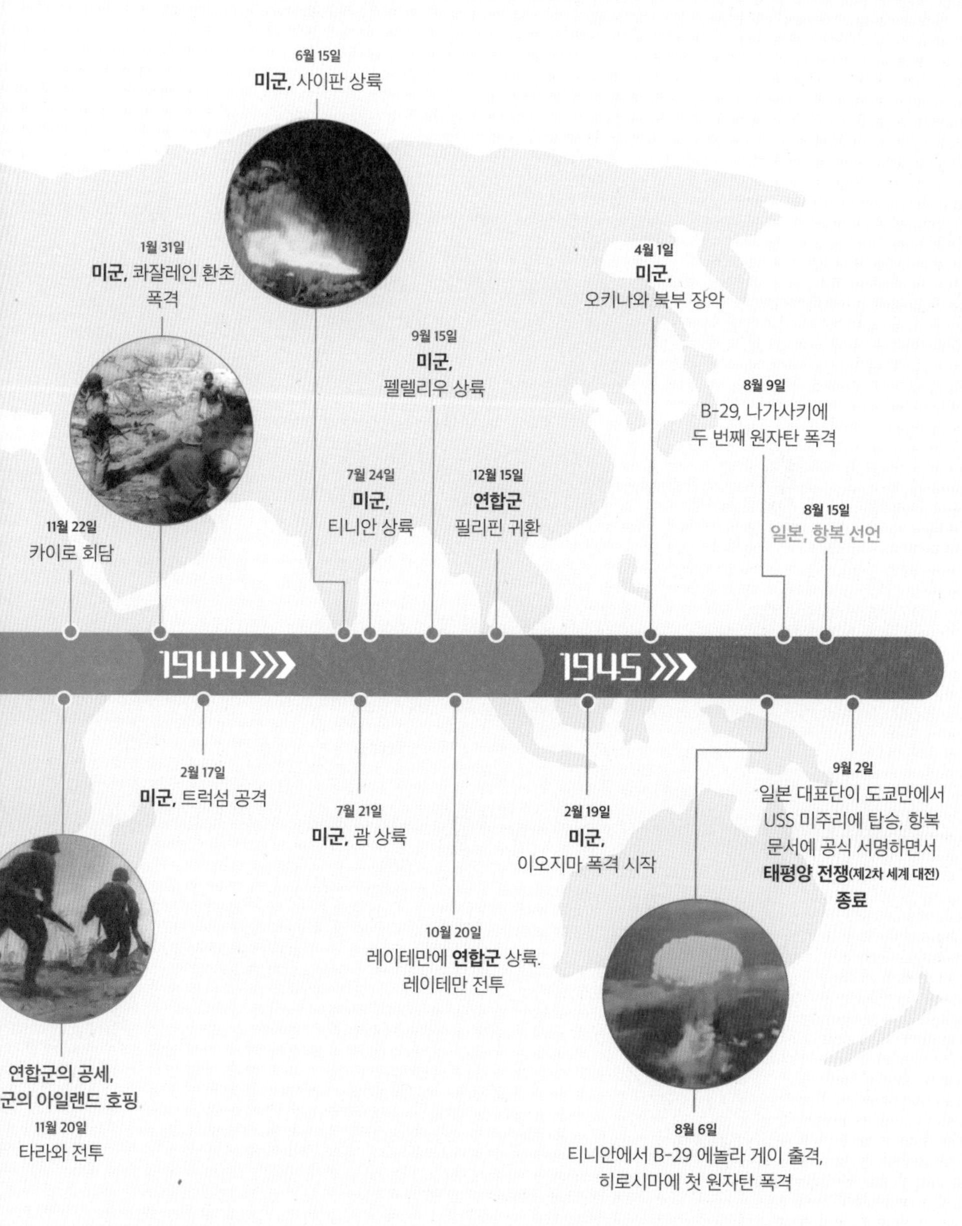
6월 15일
미군, 사이판 상륙
1월 31일
미군, 콰잘레인 환초
폭격
9월 15일
미군,
펠렐리우 상륙
4월 1일
미군,
오키나와 북부 장악
8월 9일
B-29, 나가사키에
두 번째 원자탄 폭격
11월 22일
카이로 회담
7월 24일
미군,
티니안 상륙
12월 15일
연합군
필리핀 귀환
8월 15일
일본, 항복 선언
1944
1945
2월 17일
미군, 트럭섬 공격
7월 21일
미군, 괌 상륙
2월 19일
미군,
이오지마 폭격 시작
9월 2일
일본 대표단이 도쿄만에서
USS 미주리에 탑승, 항복
문서에 공식 서명하면서
태평양 전쟁(제2차 세계 대전)
종료
10월 20일
레이테만에 연합군 상륙.
레이테만 전투
연합군의 공세,
미군의 아일랜드 호핑
11월 20일
타라와 전투
8월 6일
티니안에서 B-29 에놀라 게이 출격,
히로시마에 첫 원자탄 폭격

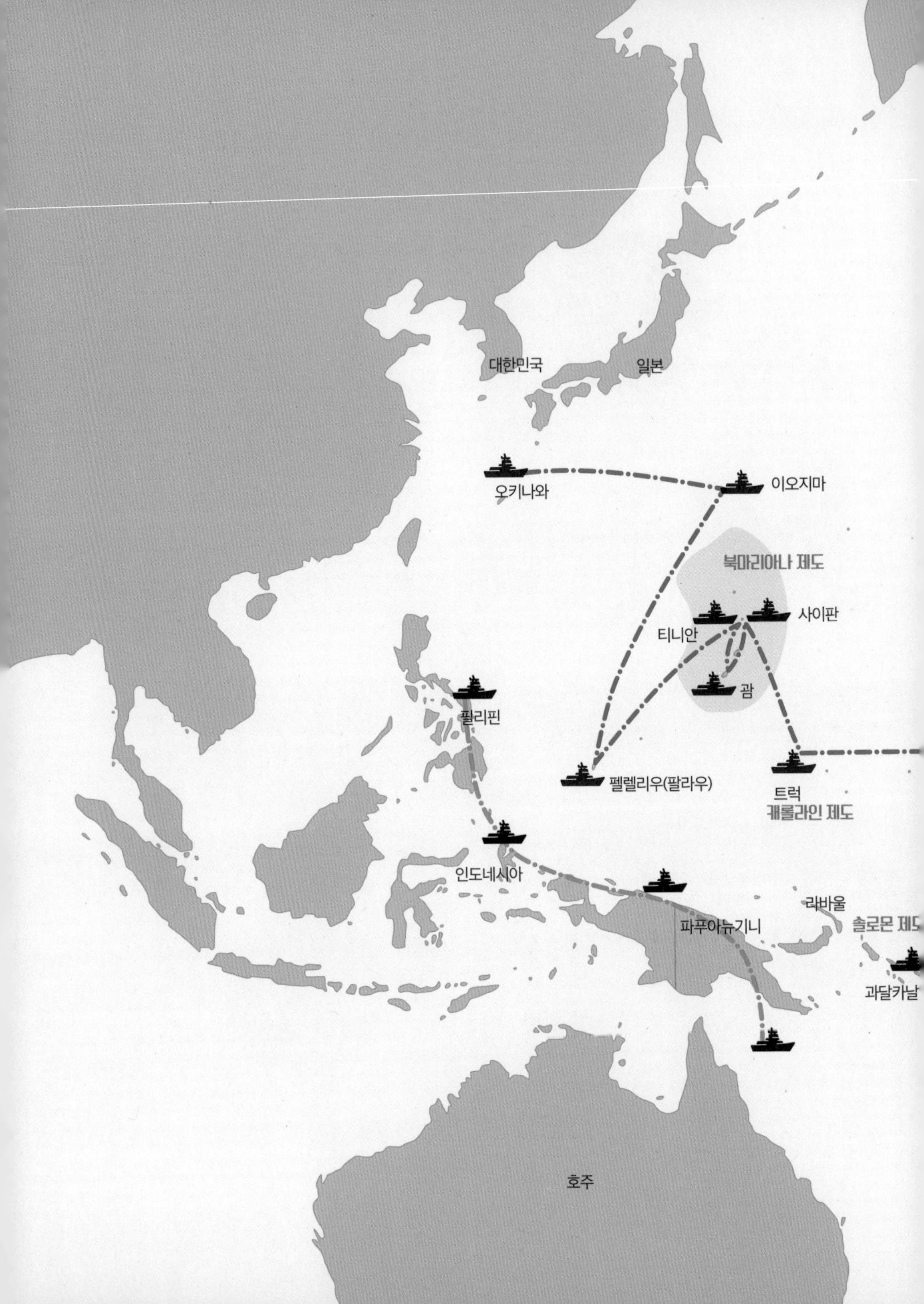

대한민국
일본
오키나와
이오지마
북마리아나 제도
사이판
티니안
괌
필리핀
펠렐리우(팔라우)
트럭
캐롤라인 제도
인도네시아
라바울
솔로몬 제도
파푸아뉴기니
과달카날
호주

중부 태평양 전구

Central Pacific Theater

미국 니미츠 제독이 아일랜드 호핑 작전을 지휘하면서 진군한 루트
과달카날(솔로몬 제도) - 타라와(길버트 제도) - 마킨(길버트 제도) -
콰잘레인(마셜 제도) - 사이판(북마리아나 제도) -
티니안(북마리아나 제도) - 이오지마(일본) - 오키나와(일본)로 이어진다.

남서 태평양 전구

South West Pacific Theater

맥아더 장군이 지휘한 미군과 연합군의 진군 루트
과달카날(솔로몬 제도)-라바울- 파푸아뉴기니-
네덜란드령 동인도 제도-필리핀으로 이어진다.

전쟁의 시작

The Beginning Of The War

Pearl Harbor

진주만

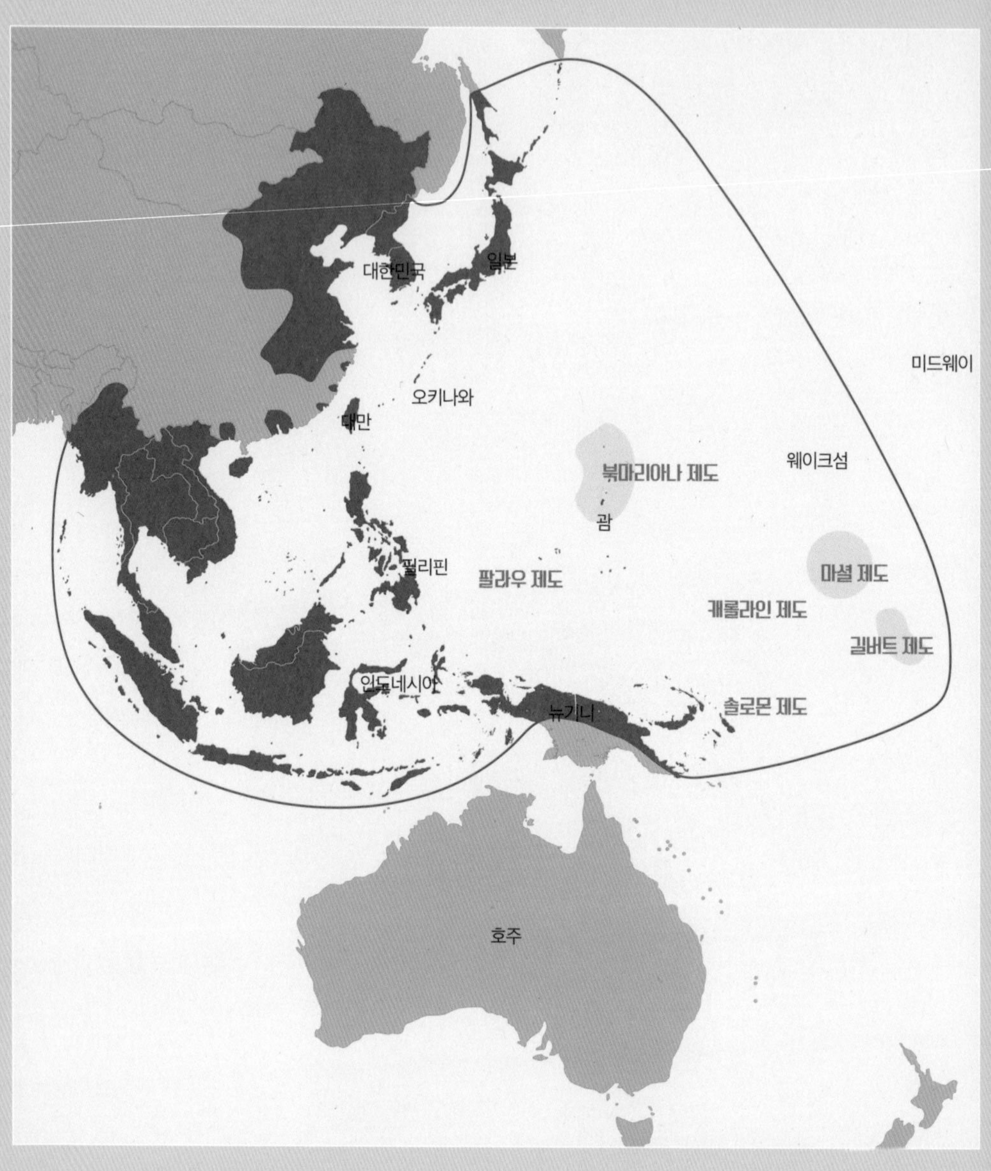

1942년 당시 일본이 점령한 최대 영토

1941년 12월 7일 새벽(하와이 시간대), 일본은 미국 태평양 함대의 기지인 진주만을 기습 공격했다. 진주만에는 미국의 육군, 해군, 해병 병력과 설비가 주둔해 있었다. 정박 중인 8척의 미국 전함이 공격당했다. 5척은 완파돼 가라앉았고 3척은 심각한 피해를 보았다. 전투기는 140대가 파괴됐고, 80대 이상이 피해를 당했다. 군 관련자는 2,330여 명이 사망했고 1,145명이 부상했다. 100여 명의 민간인 사상자도 발생했다.

진주만 공격은 즉각적으로 미국인을 단합시켜 미국을 전쟁으로 이끌었다. 공격 이전까지 미국 내에서는 유럽에서의 전쟁에 미국이 개입하는 것을 반대하는 여론이 우세했고, 영국과 소련에 군사적 지원을 하는 것도 반대했다. 하지만 진주만 공습 하루 후, 미국, 영국, 캐나다, 네덜란드가 일본에 전쟁을 선포한다.

"일본군의 하와이 제도 공격은
미 해군과 육군에 심각한 피해를
주었습니다.

유감스럽게도 이 공격은 수많은 미국인의 생명을 앗아 갔습니다.
저는 육해군 최고 명령권자로서 국가 방위를 위한 모든 조치를 지시했습니다.
우리가 이 사전에 모의된 침략을 극복하는 데 얼마나 많은 시간이 걸리던 정당한 권리를 가진 미국 국민은 궁극적인 승리를 거둘 것입니다."

_ 프랭클린 루스벨트, 당시 미국 대통령

진주만 공습. 미 해군 영상, 미국 국립문서기록관리청 소장

일본은 다가올 전쟁에 대한 두 갈래의 계획이 있었다. '진주만 기습 공격을 전쟁의 발단으로 한다'라는 것과 필리핀과 말라야, 네덜란드령 동인도를 점령하는 남부 작전Southern Operation이었다. 이 작전에는 동쪽으로 웨이크섬, 괌, 길버트 제도를 점령하고 서쪽으로 버마(지금의 미얀마)를 점령해 일본의 방어선을 구축하는 계획이 포함되어 있었다.

미국은 진주만 공습 후 1942년 무렵 호주에 있던 연합군 최고 사령관 더글러스 맥아더가 남서 태평양 부분을, 제독 체스터 니미츠가 이끄는 미국 해군이 태평양의 나머지 부분을 맡아 본격적인 대일본 전쟁을 시작했다.

New Guinea

뉴기니

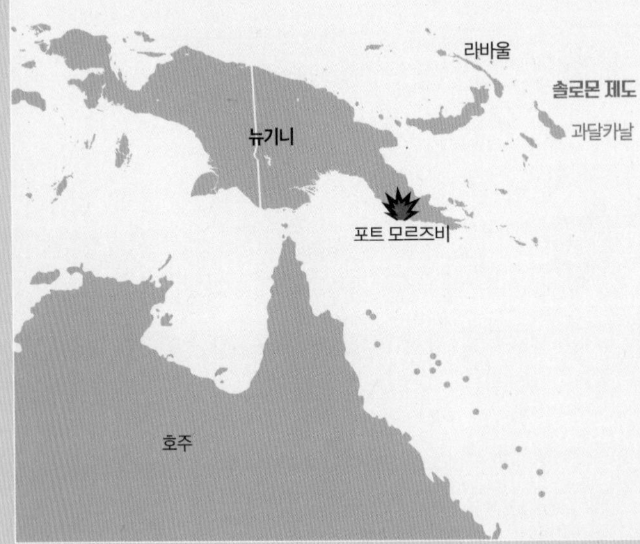
북마리아나 제도
티니안
사이판
괌
마셜 제도
콰잘레인
길버트 제도
타라와
라바울
솔로몬 제도
과달카날
뉴기니
포트 모르즈비
호주

뉴기니 동남 해안의 포트 모르즈비Port Moresby는 호주에게 방위상 중요한 거점이었다.

일본이 이곳을 점령한다면 북부와 서부 호주 일대 제해권을 일본군이 장악하게 되므로 호주가 고립될 위험이 있었다.

일본은 포트 모르즈비 공략을 시도했다. 1942년 5월, 일본은 해상 작전을 계획했지만, 곧 발발한 미일 간 산호해 해전으로 해당 작전이 폐기됐다. 그러나 대본영*은 포트 모르즈비 공략을 포기하지 않았다. 뉴기니 북쪽 해안에 위치한 부나Buna에서 포트 모르즈비까지는 도상 230km, 실거리 360km에 이른다. 두 지역 사이에는 오언스탠리 산맥Owen Stanley Range이 가로놓여 있었고, 늪지와 나무가 빼곡한 정글 지형인 탓에 이동은 도보로만 가능했다. 그러나 대본영은 육로 공격을 감행했다.

일본 육군 선발대는 정글을 걷고 산맥을 넘어 포트 모르즈비로 향했다. 험난한 길을 헤치던 일본군은 곧 식량난까지 겪게 된다. 미 육군 제5항공대의 공격으로 일본군의 보급 체계가 붕괴되기 시작했다. 미군의 항공 공격도 지속적으로 이루어졌다. 낙하산을 매단 소형 폭탄이 매일 2~3회씩 정글 속 일본군을 공격했다.

* 大本營, 전시에 설치된 일본 육군 및 해군 최고 통수 기관

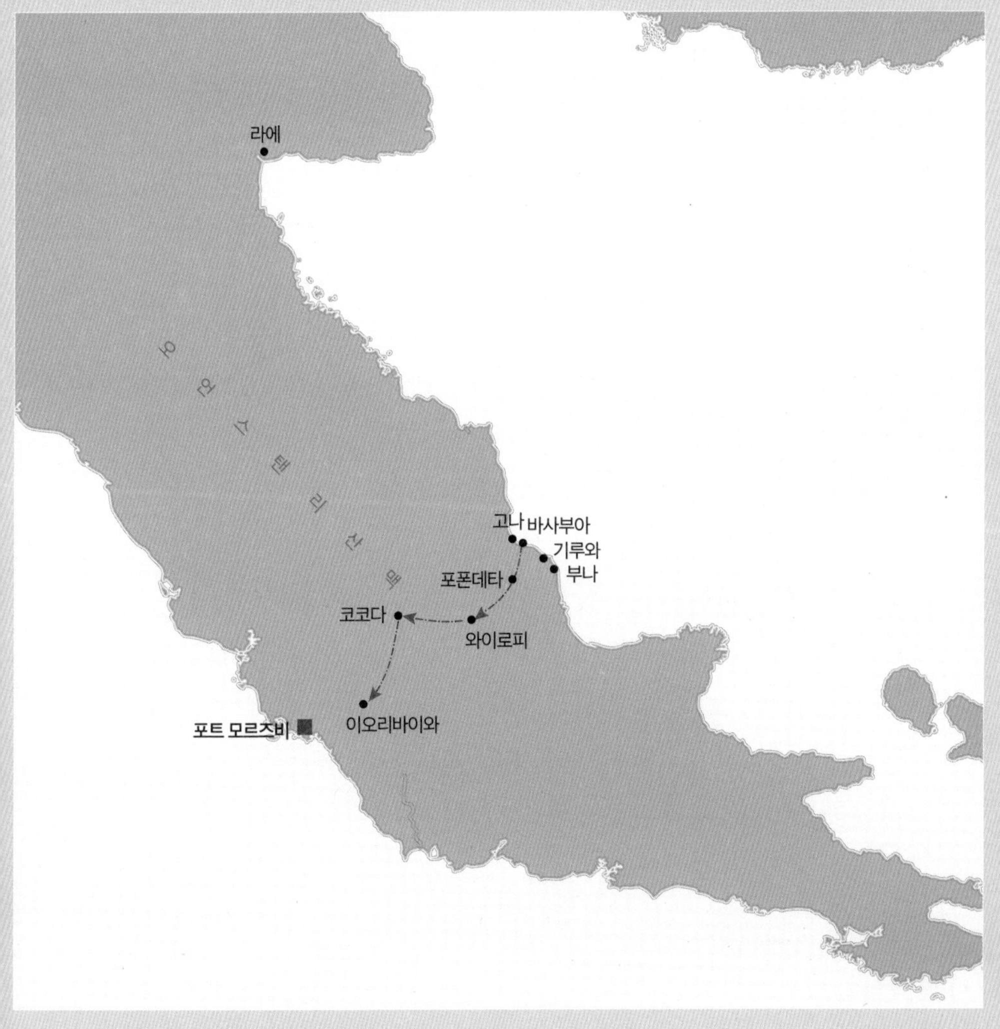

포트 모르즈비 점령을 위한 일본군 경로. 공공도서관과 디지털 아카이브(The Public's Library and Digital Archives(ibiblio.org))

1942년 9월, 일본군 일선 부대의 식량이 완전히 떨어졌다. 9월 21일, 굶주림을 참으며 산맥을 넘은 일본군은 포트 모르즈비와 지척인 이오리바이와Iworibaiwa ridge까지 진출했다. 그러나 상부에서 "다시 산맥을 넘어 부나-고나Buna-Gona 지구로 후퇴하라."라고 명령했고, 방어선 구축에도 실패한 일선 부대는 25일 오후부터 철수를 시작한다.

이미 일본군은 부나 방면의 제해권과 제공권을 모두 잃은 상태였다. 기아로 고통받으며 후퇴한 패잔 부대가 전멸 직전에 몰린 것은 당연한 일이었다. 스탠리산맥에서 퇴각한 부대는 부나 등지에서 연합군과 싸워야 했다. 바라바라Bara Bara에 지원군이 상륙했지만, 이들은 기루와Giruwa에서 연합군과 상대해야 했다. 부나의 수비대는 전멸했고 기루와의 수비대만 자력으로 퇴각했다. 이후 일본군은 전함, 전투기, 훈련된 조종사 수급에 난항을 겪게 된다.

뉴기니에서 포로가 된 한국인 대부분은

제15 해군 설영대 소속이었고,

1943년 1월의 부나-기루와 전투에서 잡혔다.

연합군이 부나 지역을 장악한 후 촬영한 영상. 한국인 포로들이 보인다. 호주 전쟁기념관 소장

 영창에 갇힌 한국인. 미국 국립문서기록관리청 소장, 국사편찬위원회 수집

심문을 기다리고 있는 세 명의 지친 한국인. 미국 국립문서기록관리청 소장, 국사편찬위원회 수집

부상 치료를 위해 23이동병원으로 이송 중인 한국인 포로들. 미국 국립기록보관소 소장, 국사편찬위원회 수집

세미니에 있는 32사단 사령부에서 비스킷을 먹고 있는 일본인과 한국인. 미국 국립기록보관소 소장, 국사편찬위원회 수집

▲ 뉴기니에서 미군에게 항복한 직후 음식을 제공받은 한국인. 미국 국립문서기록관리청 소장, 국사편찬위원회 수집

◀ 미군에게 항복한 직후의 한국인 세 명. 미국 국립문서기록관리청 소장, 국사편찬위원회 수집

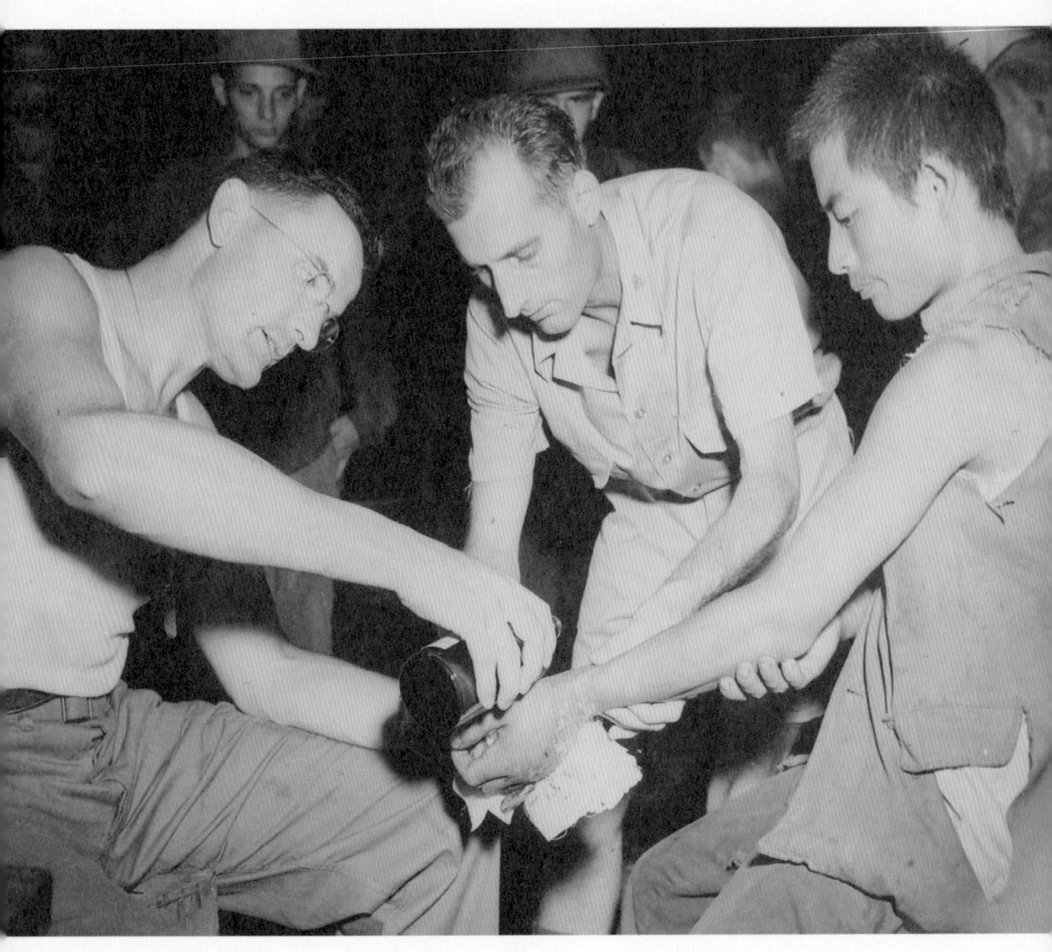

 총상으로 손에 괴사가 생긴 한국인 포로. 미국 국립문서기록관리청 소장, 국사편찬위원회 수집

물을 마시는 한국인 포로들. 미국 국립문서기록관리청 소장, 국사편찬위원회 수집

1946년 2월 28일,

일본 항공모함 가쓰라기Katsuragi가 뉴브리튼섬 라바울Rabaul에 도착했다. 2,500명의 일본인 전쟁 포로를 태우기 위해 이미 가쓰라기에 승선해 있던 1,400명의 한국인은 하선을 권유받았다. 한국인은 하선을 거부했다. 무장 군인들이 한국인에게 배에서 내릴 것을 거듭 설득했고, 일본군이 대신 승선했다. 이들이 뉴브리튼에서 일본으로 송환된 첫 번째 전쟁 포로다.

◀ 연합군이 부나 지역을 장악한 후 촬영한 영상. 한국인 포로들이 보인다. 호주 전쟁기념관 소장

Midway

미드웨이

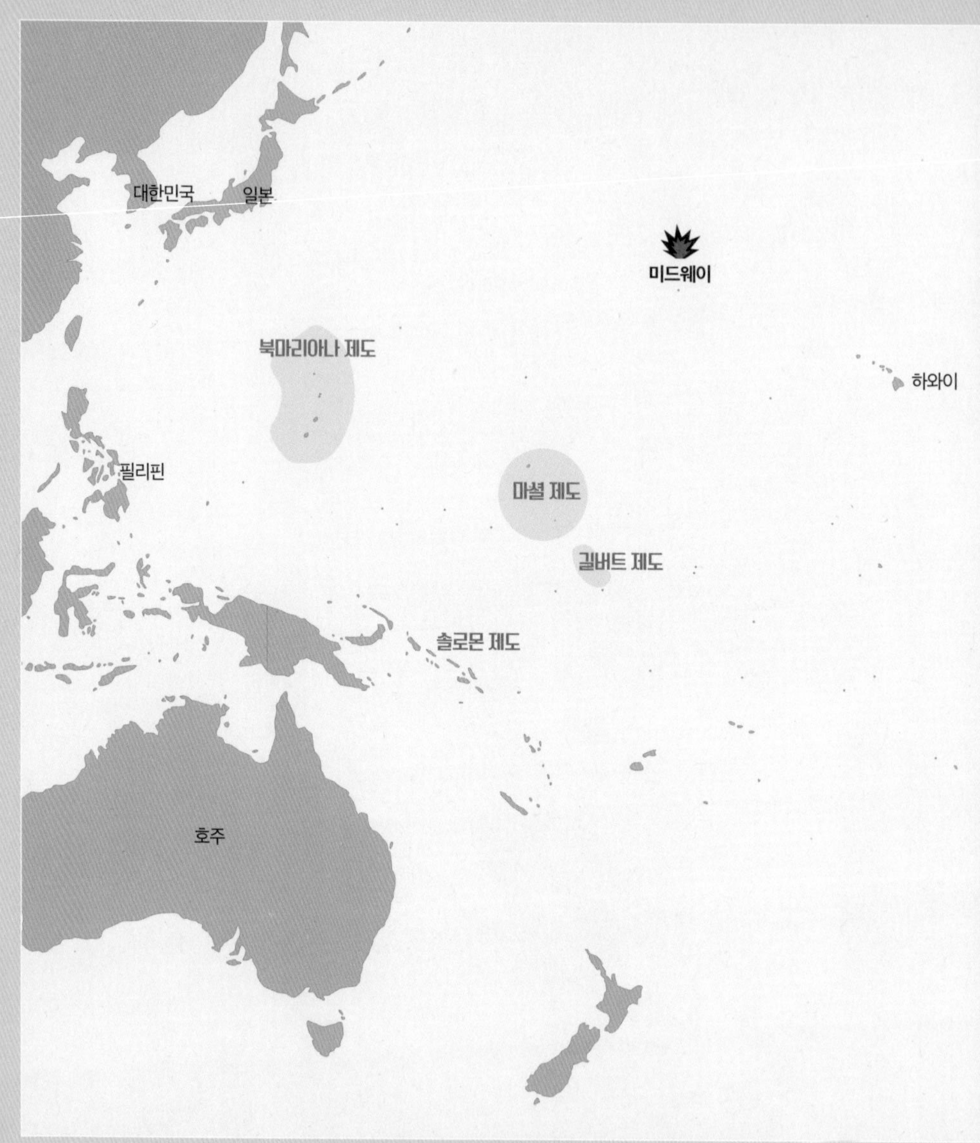
대한민국
일본
미드웨이
북마리아나 제도
하와이
필리핀
마셜 제도
길버트 제도
솔로몬 제도
호주

일본은 여전히 대동아 공영권을 건설하고자 했다.

이에 가장 방해되는 세력인 태평양의 전략적 강국, 미국을 제거해야 했다.

진주만 공습 6개월 뒤 일본군은 미드웨이 주변 해역의 제공권을 장악하고 미군의 항공 전력을 파괴하면 공략 부대가 지상군을 상륙시켜 섬을 점령한다는 구체적인 계획을 세웠다. 당시 작전에 투입된 일본군 전력은 '악마의 전함'이라고 불렸던 야마토Yamato를 비롯해 약 150척이 동원된 대함대였고, 함재기 조종사들은 진주만 공습을 경험한 베테랑이었다. 지상군으로 육군 5,800명이 대기하고 있었다.

1942년, 미 해군 정보부는 일본군의 무전이 증가하고 있다는 것을 발견했다. 해독반은 AF라는 문자가 자주 등장한다는 점에 주목했다. AH가 진주만이었다는 점을 토대로 해독반의 지휘관은 AF를 미드웨이섬이라고 추측했다. 지휘관은 강한 심증을 갖고 니미츠 제독에게 '일본군의 침공이 임박했다', 'AF가 자주 언급되고 있고 그것이 미드웨이섬일 것'이라고 보고한 후 '미드웨이섬의 담수 시설이 고장났다'라는 내용의 가짜 전문을 송신하자고 건의했다. 이틀 후, 도청한 일본군 암호에서 'AF에 물 부족'이라는 내용이 해독됐고, 일본군의 다음 공격 목표가 미드웨이라는 것이 분명해졌다.

미국 태평양 함대의 가용 전력은 압도적으로 열세였다. 야마토를 비롯한 11척의 전함과 항공모함 6척을 주축으로 한 일본군 함대와 포격전을 벌이면 미국은 전멸할 수도 있었다. 미군이 이길 방법은 미드웨이로 접근하는 일본군 함대를 먼저 찾아내 기습하는 것뿐이었다. 그리고 1942년 6월 4일 새벽, 미군 정찰기가 일본군 항공모함 함대를 미드웨이 서쪽 250㎞ 해상에서 발견했다.

▲ 미드웨이 환초

▶ 일본 최고의 전함 야마토와 미군의 포격으로 전복된 야마토

9月20日
1號艦

6월 5일 새벽,
미국과 혈전을 벌였던 일본군에
마지막으로 남아 있던 항공모함 히류Hiryu가
침몰하기 시작했다.

미군의 대승이었다. 항공모함 4척을 잃은 일본군의 확장 정책은 제한적일 수밖에 없었고, 베테랑 조종사를 다수 잃어 연합 함대 운용에도 어려움을 겪게 되었다.

미드웨이 전투는 향후 2년간 전쟁의 향방을 결정했다. 미국은 전함, 전투기, 조종사 수를 증가하는 데 집중했다. 태평양에서의 목표는 일본 본토에 최대한 근접해 대규모 전략적 공습을 개시하고 잠수함으로 본토를 차단한 후, 필요하다면 일본 본토를 공격하는 것이었다. 산업 기지와 기술적 전략, 조종사 훈련 제도, 해군 자원이 마비된 일본은 미국과의 전쟁에서 뒤처지게 되었다.

Australia

호주

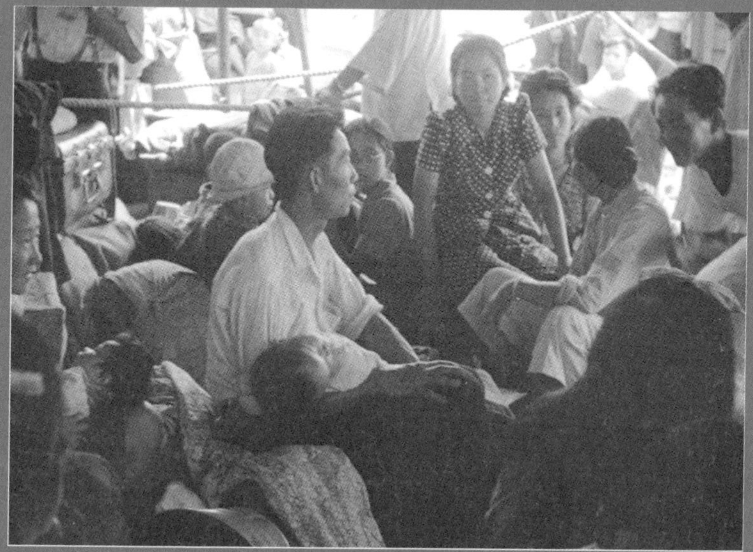

제2차 세계 대전 시작과 함께 일본이 호주를 침공할 것으로 판단한 호주 정부는 방어력을 높이고자 1941년 2월, 군대를 말라야로 파견했다. 일본의 진주만 공습 이후 호주군은 말라야, 인도네시아, 뉴기니 등에서 연합군의 일원으로 일본군과 직접 전쟁을 하게 되었다. 따라서 호주에 수용된 전쟁 포로도 호주군에 체포된 자, 남태평양에서 미군에 체포된 자, 구금하려고 호주로 이송된 일본 전쟁 포로 등으로 확대되었다.

호주군은 다양한 유형으로 포로를 분리했고, 특히 일본인 군인과 군속 중에서 한국인과 대만인을 분리해 카우라Cowra의 C, D 캠프에 수용했다. 그들에게서 일본인의 영향력을 제거해 관리하고, 고용하기 쉽게 하려는 조치였다. 1943년 3월, 카우라 수용소에 수용된 한국인 포로는 154명이었다. 한국인 포로는 카우라 수용소 외에도 머치슨Muchison 수용소에 7명, 헤이Hay 수용소에 5명, 게이트혼Gaythoune 임시 수용소에 2명, 뉴기니 라에Lae 수용소에 12명, 인도네시아 발릭파판Balikpapan 수용소에 2명이 있었다.

일본 정보에 따르면, 1941년 1월 6일 카우라 수용소에서 한국인과 대만인 사이에 분쟁이 일어나 한국인 6명이 4월 17일 재판에 회부됐다고 한다. 분쟁의 원인은 알 수 없으나 피해자는 모두 대만인이었다.

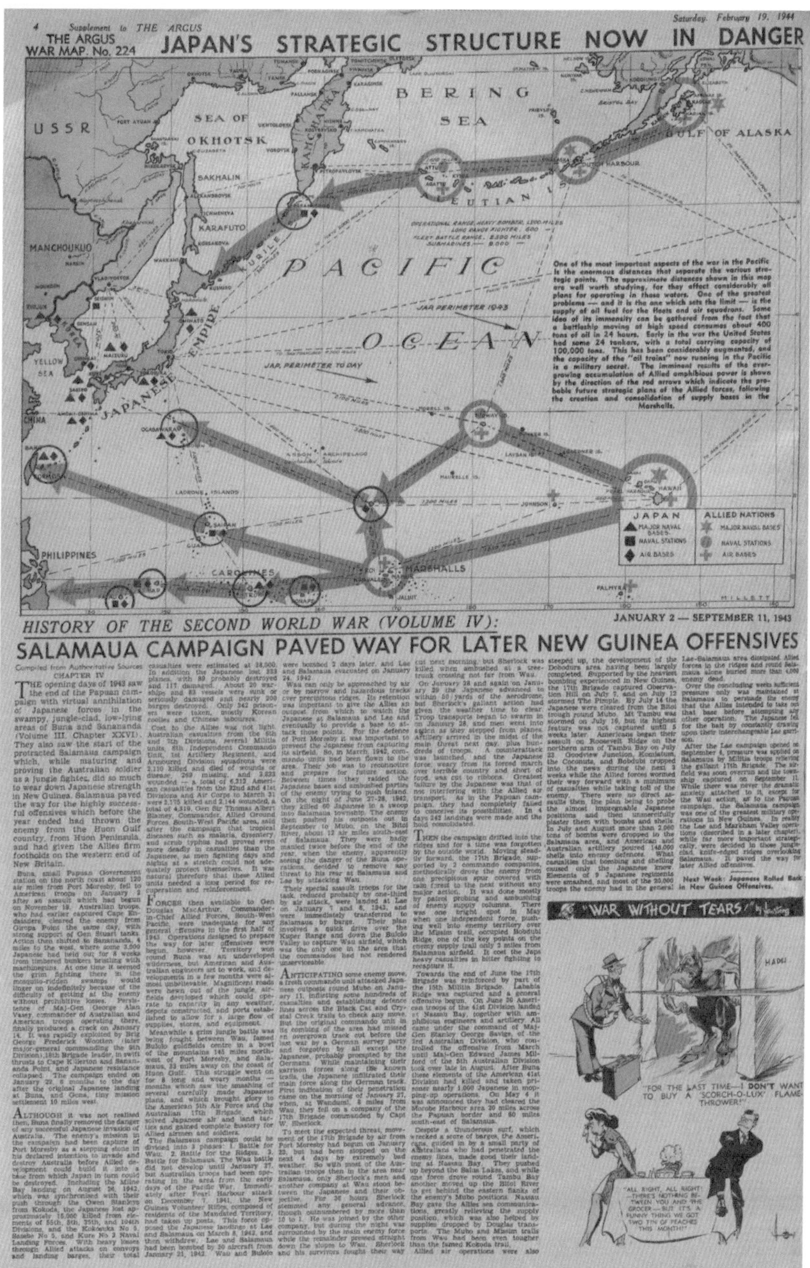

THE ARGUS WAR MAP. No. 224

JAPAN'S STRATEGIC STRUCTURE NOW IN DANGER

One of the most important aspects of the war in the Pacific is the enormous distances that separate the various strategic points. The approximate distances shown in this map are well worth studying, for they affect considerably all plans for operating in those waters. One of the greatest problems — and it is the one which sets the limit — is the supply of oil fuel for the fleets and air squadrons. Some idea of its immensity can be gathered from the fact that a battleship moving at high speed consumes about 400 tons of oil in 24 hours. Early in the war the United States had some 24 tankers, with a total carrying capacity of 100,000 tons. This has been considerably augmented, and the capacity of the "oil trains" now running in the Pacific is a military secret. The imminent results of the ever-growing accumulation of Allied amphibious power is shown by the direction of the red arrows which indicate the probable future strategic plans of the Allied forces, following the creation and consolidation of supply bases in the Marshalls.

HISTORY OF THE SECOND WORLD WAR (VOLUME IV): JANUARY 2 — SEPTEMBER 11, 1943

SALAMAUA CAMPAIGN PAVED WAY FOR LATER NEW GUINEA OFFENSIVES

Compiled from Authoritative Sources

CHAPTER IV

THE opening days of 1943 saw the end of the Papuan campaign with virtual annihilation of Japanese forces in the swampy, jungle-clad, low-lying areas of Buna and Sananada (Volume III, Chapter XXVI). They also saw the start of the protracted Salamaua campaign which, while maturing and proving the Australian soldier as a jungle fighter, did so much to wear down Japanese strength in New Guinea. Salamaua paved the way for the highly successful offensives which before the year ended had thrown the enemy from the Huon Gulf country, from Huon Peninsula, and had given the Allies firm footholds on the western end of New Britain.

Buna, small Papuan Government station on the north coast about 120 air miles from Port Moresby, fell to American troops on January 2 after an assault which had begun on November 18. Australian troops, who had earlier captured Cape Endaidere, cleared the enemy from Giropa Point the same day, with strong support of Gen Stuart tanks. Action then shifted to Sananada, 4 miles to the west, where some 3,000 Japanese had held out for 8 weeks from timbered bunkers bristling with machineguns. At one time it seemed the grim fighting there in the mosquito-ridden swamps would linger on indefinitely because of the difficulty of getting at the enemy without prohibitive losses. Persistence of Maj-Gen George Alan Vasey, commander of Australian and American troops operating there, finally produced a crack on January 14. It was rapidly exploited by Brig George Frederick Wootten (later major-general commanding the 9th Division), 18th Brigade leader, in swift thrusts to Cape Killerton and Sananada Point, and Japanese resistance collapsed. The campaign ended on January 22, 6 months to the day after the original Japanese landing at Buna, and Gona, tiny mission settlement 10 miles west.

ALTHOUGH it was not realised then, Buna finally removed the danger of any successful Japanese invasion of Australia. The enemy's mission in the campaign had been capture of Port Moresby as a stepping stone in his declared intention to invade and destroy Australia before Allied development could build it into a base from which Japan in turn could be destroyed. Including the Milne Bay landing on August 26, 1942, which was synchronised with their push through the Owen Stanleys from Kokoda, the Japanese lost approximately 15,000 killed from elements of 55th, 5th, 35th, and 104th Divisions, and the Kokosuka No 5, Sasebo No 5, and Kure No 3 Naval Landing Forces. With heavy losses through Allied attacks on convoys and landing barges, their total casualties were estimated at 18,000. In addition the Japanese lost 333 planes, with 89 probably destroyed and 117 damaged. About 20 warships and 83 vessels were sunk or seriously damaged and nearly 200 barges destroyed. Only 342 prisoners were taken, mostly Korean coolies and Chinese labourers.

Cost to the Allies was not light. Australian casualties from the 6th and 7th Divisions, several Militia units, 8th Independent Commando Unit, 1st Artillery Regiment, and Armoured Division squadrons were 2,110 killed and died of wounds or disease, 269 missing, and 3,823 wounded — a total of 6,212. American casualties from the 32nd and 41st Divisions and Air Corps to March 31 were 2,175 killed and 2,144 wounded, a total of 4,319. Gen Sir Thomas Albert Blamey, Commander, Allied Ground Forces, South-West Pacific area, said after the campaign that tropical diseases such as malaria, dysentery, and scrub typhus had proved even more deadly in casualties than the Japanese, as men fighting days and nights at a stretch could not adequately protect themselves. It was natural therefore that these Allied units needed a long period for recuperation and reinforcement.

FORCES then available to Gen Douglas MacArthur, Commander-in-Chief Allied Forces, South-West Pacific, were inadequate for any general offensive in the first half of 1943. Operations designed to prepare the way for later offensives were begun, however. Territory won round Buna was an undeveloped wilderness, but American and Australian engineers set to work, and developments in a few months were almost unbelievable. Magnificent roads were hewn out of the jungle, airfields developed which could operate to capacity in any weather, depots constructed, and ports established to allow for a large flow of supplies, stores, and equipment.

Meanwhile a grim jungle battle was being fought between Wau, famed Bulolo goldfields centre in a bowl of the mountains 145 miles north-west of Port Moresby, and Salamaua, 33 miles away on the coast of Huon Gulf. This struggle went on for 8 long and weary months — months which saw the smashing of several carefully made Japanese plans, and which brought glory to the American 5th Air Force and the Australian 17th Brigade, which solved Japanese air and land tactics and gained complete mastery for Allied airmen and soldiers.

The Salamaua campaign could be divided into 3 phases: 1. Battle for Wau. 2. Battle for the Ridges. 3. Battle for Salamaua. The Wau battle did not develop until January 27, but Australian troops had been operating in the area from the early days of the Pacific War. Immediately after Pearl Harbour attack on December 7, 1941, the New Guinea Volunteer Rifles, composed of residents of the Mandated Territory, had taken up posts. This force opposed the Japanese landings at Lae and Salamaua on March 8, 1942, and then withdrew. Lae and Salamaua had been bombed by 30 aircraft from January 21, 1942. Wau and Bulolo were bombed 2 days later, and Lae and Salamaua evacuated on January 24, 1942.

Wau can only be approached by air or by narrow and hazardous tracks over precipitous ridges. Its retention was important to give the Allies an outpost from which to watch the Japanese at Salamaua and Lae and eventually to provide a base to attack those points. For the defence of Port Moresby it was important to prevent the Japanese from capturing its airfield. So, in March, 1942, commando units had been flown to the area. Their job was to reconnoitre and prepare for future action. Between times they raided the Japanese bases and ambushed parties of the enemy trying to push inland. On the night of June 27-28, 1942, they killed 60 Japanese in a swoop into Salamaua township. The enemy then pushed his outposts out in September to Mubo, on the Bitoi River, about 12 air miles south-east of Salamaua. They were badly mauled twice before the end of the year, when the enemy, apparently seeing the danger of the Buna operations, decided to remove any threat to his rear at Salamaua and Lae by attacking Wau.

Their special assault troops for the task, reduced probably by one-third by air attack, were landed at Lae on January 7 and 8, 1943, and were immediately transferred to Salamaua by barge. Their plan involved a quick drive over the Kuper Range and down the Bulolo Valley to capture Wau airfield, which was the only one in the area that the commandos had not rendered unserviceable.

ANTICIPATING some enemy move, a fresh commando unit attacked Japanese outposts round Mubo on January 11, inflicting some hundreds of casualties and establishing defence lines across the Black Cat and Crystal Creek trails to check any move. But the original commando unit in its combing of the area had missed an overgrown track cut before the last war by a German survey party and forgotten by all except the Japanese, probably prompted by the Germans. While maintaining their garrison forces along the known trails, the Japanese infiltrated their main force along the German track. First indication of their penetration came on the morning of January 27, when, at Wandumi, 8 miles from Wau, they fell on a company of the 17th Brigade commanded by Capt W. Sherlock.

To meet the expected threat, movement of the 17th Brigade by air from Port Moresby had begun on January 22, but had been stopped on the next 4 days by extremely bad weather. So with most of the Australian troops then in the area near Salamaua, only Sherlock's men and another company at Wau stood between the Japanese and their objective. For 36 hours Sherlock stemmed any general advance, though outnumbered by more than 10 to 1. He was joined by the other company, but during the night was surrounded by the main enemy force while the remainder pressed straight down the slopes to Wau. Sherlock and his survivors fought their way out next morning, but Sherlock was killed when ambushed at a tree-trunk crossing not far from Wau.

On January 28 and again on January 29 the Japanese advanced to within 50 yards of the aerodrome, but Sherlock's gallant action had given the weather time to clear. Troop transports began to swarm in on January 28, and men went into action as they stepped from planes. Artillery arrived in the midst of the main threat next day, plus hundreds of troops. A counterattack was launched, and the Japanese force, weary from its forced march over terrible country and short of food, was cut to ribbons. Greatest failure by the Japanese was that of not interfering with the Allied air transport. As in the Papuan campaign, they had completely failed to conceive its possibilities. In 4 days 242 landings were made and the hold consolidated.

THEN the campaign drifted into the ridges and for a time was forgotten by the outside world. Moving steadily forward, the 17th Brigade, supported by 2 commando companies, methodically drove the enemy from one precipitous spur covered with rain forest to the next without any major action. It was done mostly by patrol probing and ambushing of enemy supply columns. There was one bright spot in May when one independent force, pushing well into enemy territory over the Missim trail, occupied Bobdubi Ridge, one of the key points on the enemy supply trail only 2 miles from Salamaua airfield. It cost the Japs heavy casualties in bitter fighting to recapture it.

Towards the end of June the 17th Brigade was reinforced by part of the 15th Militia Brigade. Lababia Ridge was captured and a general offensive begun. On June 30 American troops of the 41st Division landed at Nassau Bay, together with amphibious engineers and artillery. All came under the command of Maj-Gen Stanley George Savige, of the 3rd Australian Division, who controlled the offensive from March until Maj-Gen Edward James Milford of the 5th Australian Division took over late in August. After Buna these elements of the American 41st Division had killed and taken prisoner nearly 1,000 Japanese in mopping-up operations. On May 4 it was announced they had cleared the Morobe Harbour area 20 miles across the Papuan border and 60 miles south-east of Salamaua.

Despite a thunderous surf, which wrecked a score of barges, the Americans, guided in by a small party of Australians who had penetrated the enemy lines, made good their landing at Nassau Bay. They pushed up beyond the Salus Lakes, and while one force drove round Tambu Bay another moved up the Bitoi River to get behind the eastern flanks of the enemy's Mubo positions. Nassau Bay gave the Allies sea communications, greatly relieving the supply position, which was also helped by supplies dropped by Douglas transports. The Mubo and Missim trails from Wau had been even tougher than the famed Kokoda trail.

Allied air operations were also stepped up, the development of the Dobodura area having been largely completed. Supported by the heaviest bombing experienced in New Guinea, the 17th Brigade captured Observation Hill on July 7, and on July 12 stormed The Pimple. By July 14 the Japanese were cleared from the Bitoi trough round Mubo. Mt Tambu was stormed on July 16, but its highest feature was not captured until 5 weeks later. Americans began their assault on Roosevelt Ridge on the northern arm of Tambu Bay on July 23. Goodview Junction, Komiatum, the Coconuts, and Bobdubi cropped into the news during the next 3 weeks while the Allied forces wormed their way forward with a minimum of casualties while taking toll of the enemy. There were no direct assaults then, the plan being to probe the almost impregnable Japanese positions and then unmercifully plaster them with bombs and shells. In July and August more than 2,000 tons of bombs were dropped in the Salamaua area, and American and Australian artillery poured 148,000 shells into enemy defences. What casualties that bombing and shelling caused only the Japanese know. Elements of 9 Japanese regiments were smashed, and most of the 20,000 troops the enemy had in the general Lae-Salamaua area dissipated. Allied forces in the ridges and round Salamaua alone buried more than 4,000 enemy dead.

Over the concluding weeks sufficient pressure only was maintained at Salamaua to persuade the enemy that the Allies intended to take out that base before attempting any other operation. The Japanese fell for the bait by constantly drawing upon their interchangeable Lae garrison.

After the Lae campaign opened on September 4, pressure was applied on Salamaua by Militia troops relieving the gallant 17th Brigade. The airfield was soon overrun and the township captured on September 11. While there was never the dramatic anxiety attached to it, except for the Wau action, as to the Papuan campaign, the Salamaua campaign was one of the greatest military operations in New Guinea. In reality the Lae and Markham Valley operations (described in a later chapter), while far more important strategically, were decided in those jungle-clad, knife-edged ridges overlooking Salamaua. It paved the way for later Allied offensives.

Next Week: Japanese Rolled Back in New Guinea Offensives.

"WAR WITHOUT TEARS!" by Hastings

'일본의 전략적 구조가 위험에 처하다', 〈아르고스 멜버른(The Argus Melbourne)〉 1944년 2월 19일 자

호주 여군(AWAS)의 일본어 통역관 아니타 올리브 프리처드(Anita Olive Pritchard) 하사가 1945년 5월 뉴기니 라에 지역에서 한국인 포로를 심문하고 있다. 호주 전쟁기념관 소장

전쟁이 끝난 1946년 3월, 맥아더 사령부는 일본의 3,500톤급 구축함 요이즈키Yoizuki로 호주에 억류돼 있던 대만인과 한국인 전쟁 포로를 각각의 국가에 송환하기로 결정한다. 요이즈키 함의 적정 승선 인원은 800명이었지만, 연합군 최고 사령관 맥아더 장군은 여성과 어린이를 포함해 948명까지 탑승 인원을 승인했다. 그러나 실제로 요이즈키 함에 승선한 인원은 한국인 남성 전쟁 포로 156명 등 총 1,005명이었다. 맥아더의 승인보다 57명이 초과 승선한 것은 가족이 함께 이동할 수 있도록 배려한 인도적인 조치였다. 이렇게 요이즈키 함에 탑승한 전체 인원은 전쟁 포로 565명, 절반이 여성과 어린이로 구성된 피억류자 440명이었다. 전체 인원 중 여성은 98명, 어린이는 112명이었다.

1946년 3월 6일.
오전 10시에 출항하기로 예정되어 있던
요이즈키 함은 겁에 질린 승객을 태우고
오후 2시 10분에야 출항했다.

승객이 잠자는 방은 매우 복잡해, 아무도 풀 수 없는 퍼즐 같았다. 호주 시드니를 출항하고 얼마 안 가 요이즈키에 탑승하고 있던 1,005명의 한국인과 대만인 포로에게서 탑승 인원이 너무 많아 배가 매우 혼잡하며 최악의 상황에 놓였다는 주장이 나왔다. 배는 '지옥선'으로 불릴 정도였다. 호주 연방 정부는 회항하거나 가장 가까운 항구에 정박해 여성과 아이들이 하선하기를 원한다는 함 내의 간절한 요청이 있다는 것을 파악했다.

이튿날 치플리Chifley 총리와 미 해군 지휘부의 미팅에서 요이즈키 함이 회항할 필요는 없지만 뉴기니 핀쉬하펜Finschhafen에서 조사받을 필요가 있다는 결론을 내렸다. 조사 전, 호주 정부는 요이즈키 함 사건을 조치하고자 맥아더 장군의 의견을 구했다. 장군은 여성과 아이들을 라바울에서 일본 병원선 히카와마루Hikawamaru로 옮겨 대만과 한국으로 돌아가게 하는 여정을 제안했다.

HOW THE YOIZUKI AFFAIR DEVELOPED

Day By Day

THIS is how the Yoizuki affair developed from day to day, after she arrived in the Harbor last Monday and moored at the Clark Island dolphins:

WEDNESDAY: Yoizuki moved to No. 22 wharf, Pyrmont. At 7.30 a.m. repatriates arrived at the wharf by special train after having travelled all night from Victoria. Army officers conferred on the wharf. They decided space allotted to women and children inadequate. This comprised an iron deck house and a compartment aft. A "higher authority" ordered embarkation to proceed. The Yoizuki sailed at 2.10 p.m. In the House of Representatives and Legislative Assembly demands were made for the recall of the ship.

There were hurried conferences between Federal Ministers in the House. Army Minister Forde announced that conditions in the ship were a matter for American authorities.

THURSDAY: The Federal Government announced that Yoizuki would not be recalled. She would call at Dreger Harbor, near Finschhafen, for inspection by R.A.N. officer, who would report to the Government. Protests came from all branches of the community, including unionists, and from both sides of the House, asking that the ship call into Brisbane. In the Legislative Assembly, the Premier (Mr. McKell) accepted a motion that in view of the allegations regarding the vessel, the Prime Minister be urged to have the ship recalled to Brisbane pending a full investigation and report.

General MacArthur advised by the Government of the proposed inspection at Dreger Harbor. He was also asked for information in advance of future ships coming to Australia to repatriate internees, prisoners of war. In the House of Representatives, Navy Minister Makin said responsibility for the Yoizuki rested with General MacArthur. In Sydney 3000 people signed a petition of protest on conditions of the ship.

FRIDAY: Indignation continued to mount. Impassioned speeches were made in the House of Representatives. Attorney General Dr. Evatt said women and children would be allowed to leave ship if they desired, when she called at an island port.

SATURDAY: General MacArthur categorically denied responsibility for the loading of women, children in the ship and denied knowledge of any such intention. He said he had requested Australian military and naval authorities to disembark women, children and male relatives at Rabaul, or some other port nearer Sydney. These would complete their journey in a Japanese hospital ship. Deputy Opposition Leader Harrison and others demanded a Royal Commission. Oppositionists have threatened a censure motion when the House resumes next Wednesday. Sydney was flocking to the newsreel of the embarkation.

A navy spokesman reported Naval intelligence had received no signal from Yoizuki.

THE factual history of the Yoizuki affair is starkly simple. Here it is. The hell ship arrived in the harbor last Monday, and, on Wednesday, moved to No. 22 Wharf, Pyrmont. The captain apparently believed he was to take aboard male persons for repatriation to Formosa and Korea. When the first train load of repatriates arrived, staggered army officers, pressmen and others learned that women and children, too, were to be embarked on the Yoizuki.

Horrified by the obvious danger and dreadful misery the women and children would be forced to endure, Army hesitated to proceed with the embarkation. They referred the matter to a "higher authority."

But the officers were ordered to carry on with the embarkation. Then ensued pitiful scenes as the hysterical Formosans, including pregnant women, stretcher cases and terrified girls and tiny children were forced aboard the ship, manned by a Japanese crew—traditional enemies of the repatriates—of about 180. The repatriates totalled 1005.

Women clutched their small children, young girls wailed bitterly. The Japanese crew, lolling over the rails, leered at the women and tossed insolent greetings to them.

There was the disturbing spectacle of men, with tear-stained faces, pleading not to be placed at the mercy of the Japanese. One rushed for the wharfside, prepared to drown rather than board the ship. He was intercepted and taken aboard with the rest.

The Yoizuki, scheduled to leave at 10 a.m., with her miserable, terrified passengers, sailed at 2.10 p.m. Where many would sleep was a puzzle army officers could not solve. The sanitation appalled them and that night the fury burst.

In the House of Representatives, and in the Legislative Assembly there were impassioned demands that the ship be recalled or directed to the nearest port, and the women and children disembarked.

Next day, after a conference between the Prime Minister (Mr. Chifley) the Minister for the Army (Mr. Forde) and U.S. naval authorities, it was announced that the vessel would not be recalled but would be inspected at Finschhafen, New Guinea.

Churches, trade unionists and other bodies joined in the clamor for the recall of the ship. The Legislative Assembly passed a resolution calling the Prime Minister to have the ship report at Brisbane, pending a full inquiry.

The Government cabled General MacArthur asking him to give advice when ships were being despatched to carry prisoners of war and internees.

Yesterday morning came General MacArthur's dramatic bombshell in which he denied responsibility for the loading of the women and children.

He ordered the disembarkation of the women and children at Rabaul and announced that they would be carried by the Japanese hospital ship Hikawa Maru for the rest of the journey.

Conflicting Statements

Statements made during the week by persons closely connected with the Yoizuki affair included these:

Mr. Forde: Conditions in the ship were a matter for the American authorities. Australian Army responsibility was solely for embarkation and despatch. Total number embarked in Yoizuki was 1005, including 98 women and 112 children.

The officer in charge of embarkation (Brig. Prior) received protests from about 50 Formosans on the ground that they were being sent to Japan and not Formosa, but the embarkation was carried out without incident after the situation was explained by a representative of the Chinese consulate.

One Formosan forcibly placed aboard had thought the destroyer was bound for Japan, but was later quite satisfied that everything was in order.

Movements of the vessel in all waters was under the control of American authorities. Yoizuki was provided by S.E.A.C. which laid down the numbers it would carry. The Navy in Sydney had advised the Army that arrangements would be made to check in the ship at an island port in a few days.

"Not Responsible"

Army Public Relations: Total number embarked was 1005, being 565 p.o.w. and 440 internees, approximately half of whom were women and children.

The ship was provided by a central authority in Tokio, which was fully aware of the number to be carried. The Japanese captain admitted he was instructed to pick up 1000 nationals, some of whom would be women and children.

Mr. Makin: Australia was not responsible for conditions in the Yoizuki or in any other ship which came under the command of those responsible for the transport of prisoners of war and internees.

The Government first received a signal from the Supreme Commander of the Allied Powers in Japan that the Yoizuki was leaving Kure for Sydney to embark a certain number of Formosans and Koreans.

The same instruction said Australia was to provide canned food for 1200 persons for 20 days, vegetables for 14 days and one ton of meat.

Whatever might have been the instruction given by the Allied Commander, it was the Government's imperative duty to be prepared to conform to the instructions given regarding these people.

Dr. Evatt: If necessary, conditions in the ship would be ameliorated when it called at an island port where women and children would be allowed to leave, if they desired.

Passengers were enemy subjects. Some were born in Formosa, but they were Japanese nationals. Hundreds of the men had fought against our soldiers.

"I do not justify the distress or the herding together that takes place in ships under these conditions, but I regard that as almost inevitable under the present position of shipping."

Lieut. Gen. Sturdee (Chief of the General Staff): The destroyer was under General MacArthur's command and the Australian Army merely carried out his instructions. It was not the Army's responsibility to determine conditions on the ship.

If any service was responsible, it was the Navy, as the Yoizuki was under Navy operational control while in Australian waters.

He saw no reason for an outcry about conditions in the destroyer which carried 15 less repatriates than originally had been asked for.

General MacArthur (in communique from his Tokio H.Q.): It was completely erroneous to state that authorities in Japan may be responsible. Yoizuki was provided for the repatriation of prisoners and G.H.Q. had authorised transportation of only 948.

It was not known that women and children were to be loaded and such action was not authorised from his headquarters.

Sir Samuel Walder (President of the Australia-China Association): A royal commission or inquiry should be granted to indict the department and the persons responsible. It was beyond imagination that there were in Australia men in charge of repatriation who appeared to be devoid of all the humane principles one would expect to find in fellow Australians.

General MacArthur's dramatic order was typical of a great and humane man. The effort to place the responsibility on his shoulders had rebounded with such an effect that the Government must make further disclosures.

Inquiry Demanded

Mr. Harrison (Deputy Leader of the Federal Opposition): The only course now open to the Government in the interests of human justice was to appoint a Royal Commission to investigate and apportion the blame. In view of several statements made by responsible Ministers the only conclusion that could be drawn was that they had deliberately or ignorantly misled the House as to those responsible.

In respect of Lieut. Gen. Sturdee's statement that there was room for 15 more on the Yoizuki, there might have been room for 15 more in the Black Hole of Calcutta but the fact that that number was not added did not make the lot of the prisoners held there less happy.

Mr. Anthony, M.H.R. (C.P.): Primary responsibility for the failure of the Australian government to act rested upon Mr. Chifley.

Having failed to blackguard the reputation of General MacArthur to save its own, the Government would no doubt seek other scapegoats but there was no need to look any further than the Cabinet Room for the guilty men.

It was time the political hypocrisy of men like Mr. Makin and Dr. Evatt was exposed. Their heartache for the weak and oppressed were frequently proclaimed, but a call for practical application of these principles found deeds that ill fitted their words.

Mr. Corser, M.H.R. (C.P.): The men responsible should be classed as war criminals, brought before a War Crimes Court and tried in the same way as enemy nationals were being tried for shocking offences against humanity.

These pictures vividly record the Yoizuki's departure from Sydney last Wednesday. 1—Repatriates seated on deckhouse built to accommodate 400. 2—The crowded destroyer moving down Harbor. 3—Provosts forced this Formosan aboard. 4—A woman being carried aboard.

CREW'S MESSING QUARTERS

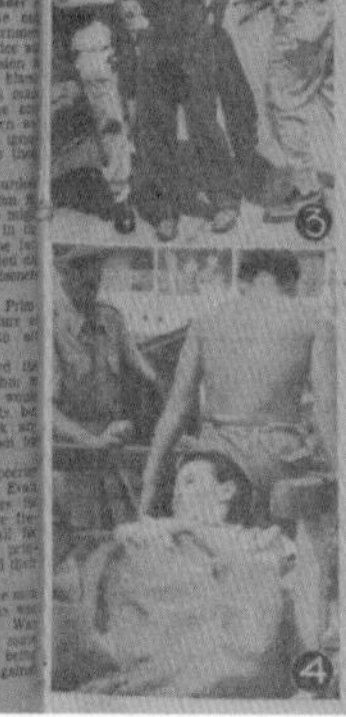

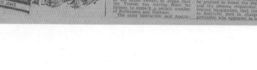

▲ '요이즈키 사건은 어떻게 진행됐나', 〈트루스(Truth)〉(시드니에서 발행된 신문) 1946년 3월 10일 자

▶ '요이즈키 사건의 폭넓은 조사가 필요하다', 〈시드니 트리뷴(Tribune Sydney)〉 1946년 3월 22일 자

Need Wider Yoizuki Probe

CANBERRA.—The Simpson Commission's report on the Yoizuki affair recommends that no action be taken against military officers responsible for overloading the Japanese destroyer.

The Simpson Report says that the number should have been limited to 800. The Allied Supreme Commander, General Macarthur had agreed to 948, including women and children.

"Despite the orders from General Macarthur stipulating that 948 passengers embark," says the Repoprt, "the actual number embarked was 1,005. We are satisfied that this was brought about by a mistaken view of the military authorities governing the embarking, and was actuated by a humanitarian desire to keep families together and, in so doing, they overloaded the ship by 57 persons.

"It seems to us probable that they were influenced by the fact that any other ship calling at Sydney would have had to include among a preponderant Japanese party some 57 Formosans and Koreans with a grave possibility of trouble on board.

"We consider that a mistake was made in this regard, but we do not consider that it was a mistake that calls for any disciplinary action against the officers concerned."

In spite of this Commission recommendation, some Labor men in Canberra feel that there should be further inquiry into the actions of certain military officers.

They also feel that charges that the press and newsreels were tipped off two days in advance, even though Ministers were kept in ignorance, should be fully investigated.

The press, which engaged in unscrupulous political stunting, should, it is considered, also be included in a fuller inquiry into the Yoizuki affair.

요이즈키 함에 승선한 한국인과 대만인,
〈시네사운드 리뷰(Cinesound Review) No.0837 16주년 기념호〉 1947년 11월 14일 방송.
호주 국립영화및녹음보관소 소장

“소위 ‘지옥선’으로 불리는 요이즈키 함이
한국인 전쟁 포로를 귀환시키고 있다.
이 사건은 당시 큰 관심을 불러일으켰다.
정부 당국은 심각하게 비판받았고,
호주인 조사관을 파견했다.”

_〈시네사운드 리뷰 No.0837 16주년 기념호〉
1947년 11월 14일 방송. 호주 국립영화및녹음보관소 소장

1946년 요이즈키 함 내부. 호주 전쟁기념관 소장

이후 진행된 조사에 의하면, 탑승한 여성과 아이들은 배의 상태에 만족했고, 몇몇 사람은 갈아타기를 원하며, 몇몇은 하루빨리 고향으로 돌아가기를 원한다고 했다. 조사 후 맥아더의 제안대로 라바울에서 여자와 어린이, 가족이 있는 남자 351명이 히카와마루로 갈아타는 것으로 사건은 일단락되었다.

아일랜드 호핑

Island hopping

Island hopping

아일랜드 호핑

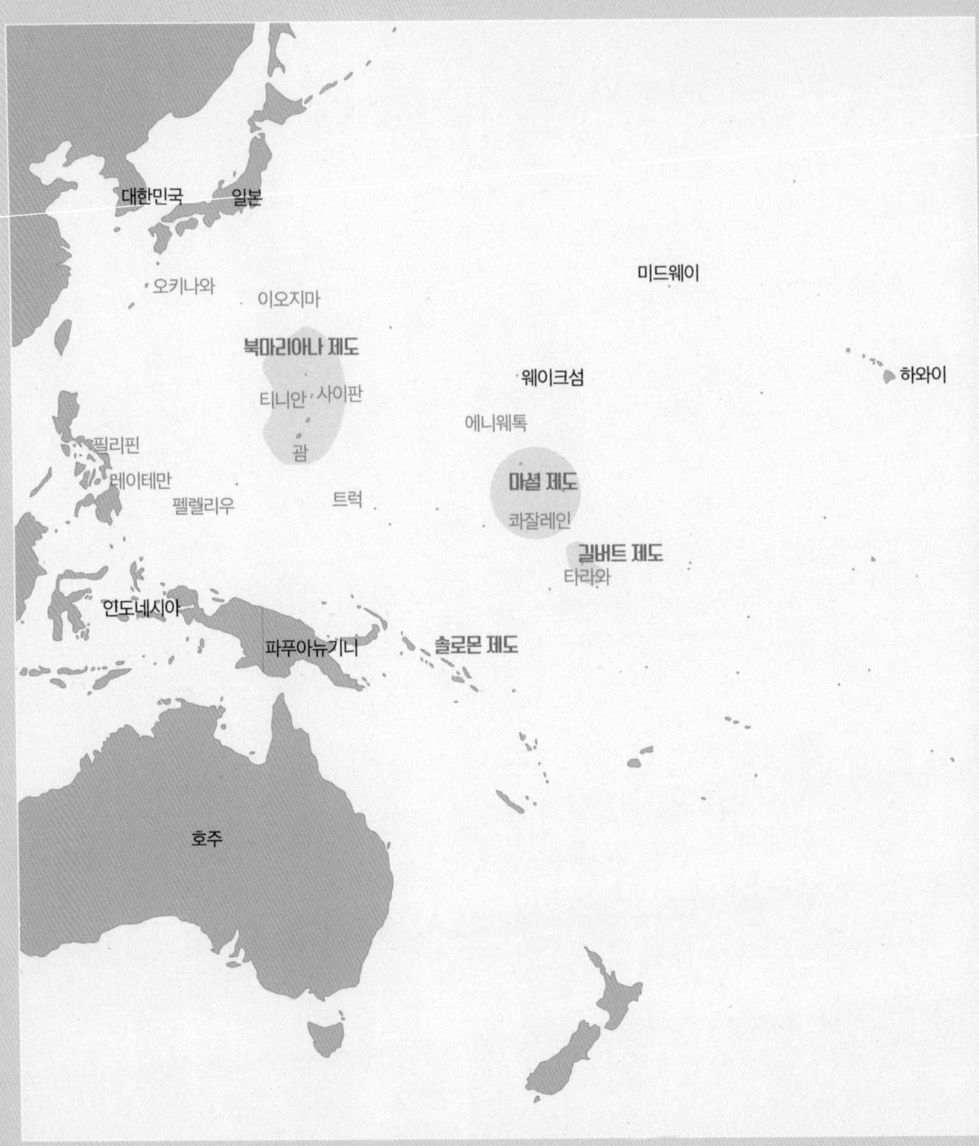

아일랜드 호핑 작전의 대상이 된 섬들

드넓은 태평양의 모든 지역에서 싸울 수 없었던 연합군은 방비가 튼튼하고 병력이 집중된 섬은 우회하고, 상대적으로 방비가 약하되 지정학적으로 일본 본토에 접근이 유리한 섬을 주로 공략하는 '아일랜드 호핑Island hopping' 작전을 시작했다. 일본 본토에 최대한 근접해 대규모로 전략적 공습을 개시하고, 잠수함으로 본토를 차단한 후 필요하다면 일본 본토를 공격하는 것이 최종 목표였다. 니미츠 제독의 주도로 태평양 중부에서 아일랜드 호핑이 시작되자 맥아더 장군은 태평양을 남서 방향으로 가로지르며 뉴기니에서 일본군 추격을 이어갔다.

타라와 환초, 콰잘레인 환초와 에니웨톡 환초, 트럭섬, 사이판, 괌, 티니안, 펠렐리우, 레이테만, 필리핀, 이오지마, 오키나와가 아일랜드 호핑의 대상이었다.

Tarawa Atoll / Gilbert Islands

타라와

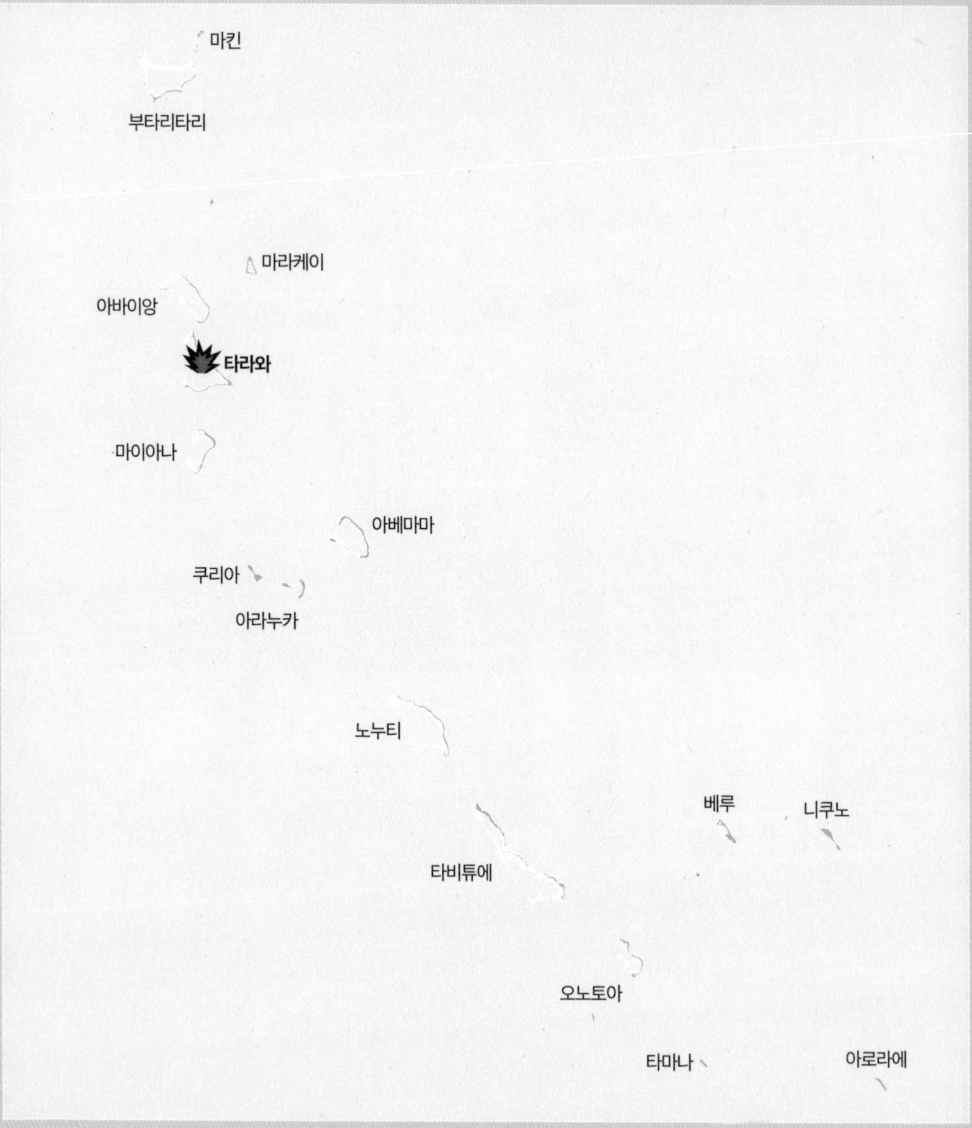

마킨
부타리타리
마라케이
아바이앙
타라와
마이아나
아베마마
쿠리아
아라누카
노누티
베루
니쿠노
타비튜에
오노토아
타마나
아로라에

1943년 11월 20일, 연합군 전함이 타라와에 포격을 시작했다. 항공모함이 환초 전체를 공격하기 시작했다. 아일랜드 호핑 작전의 시작이었다. 오전 9시 즈음, 미 해병 2사단이 상륙했다. 해안에 접한 500야드의 산호 지형이 상륙을 어렵게 했다. 정오 무렵, 미 해병은 일본군의 첫 번째 방어선을 뚫는 데 성공했다. 이후 사흘간 일본군의 광기 어린 저항이 이어졌고, 그에 대응한 잔혹한 싸움 끝에 미군은 타라와 점령에 성공했다.

이 전투에 참전한 미군은 총 3만 5천 명으로, 그중 1,001명이 전사했고 2,296명이 부상당했다. 끝까지 남아서 싸운 일본군은 17명이었는데, 이들은 129명의 한국인 노무자와 함께 포로로 잡혔다.

태평양에 가장 큰 전함이 집결했습니다.

전함, 순양함, 항공모함, 수송선이 중부 태평양의 일본군 주요 기지가 있는 타라와로 향합니다. 영국령 길버트 제도에 있는 타라와는 일본 공군 기지에서 가장 요새화된 곳 중 하나입니다. 타라와 탈환은 유엔군에게 중요합니다.

_ 일본이 점령한 타라와 함락, 〈유나이티드 뉴스〉

미군 폭격 이후 타라와, 〈유나이티드 뉴스〉. 미국 국립문서기록관리청 소장

타라와에 상륙하는 미 해병, 〈유나이티드 뉴스〉. 미국 국립문서기록관리청 소장

동이 트자 해군의 기관총이 발사를 시작합니다.
해병대가 공격합니다. 공중 투하 폭탄이 섬의
22마일에 달하는 일본군 방어 시설에 쉬지 않고
떨어집니다. 하지만 적은 견고하게 잘 숨어 있습니다.
상륙정으로 총알이 엄청나게 날아옵니다.

_ 일본이 점령한 타라와 함락, 〈유나이티드 뉴스〉

타라와에 상륙하는 미 해병. 미국 국립문서기록관리청 소장

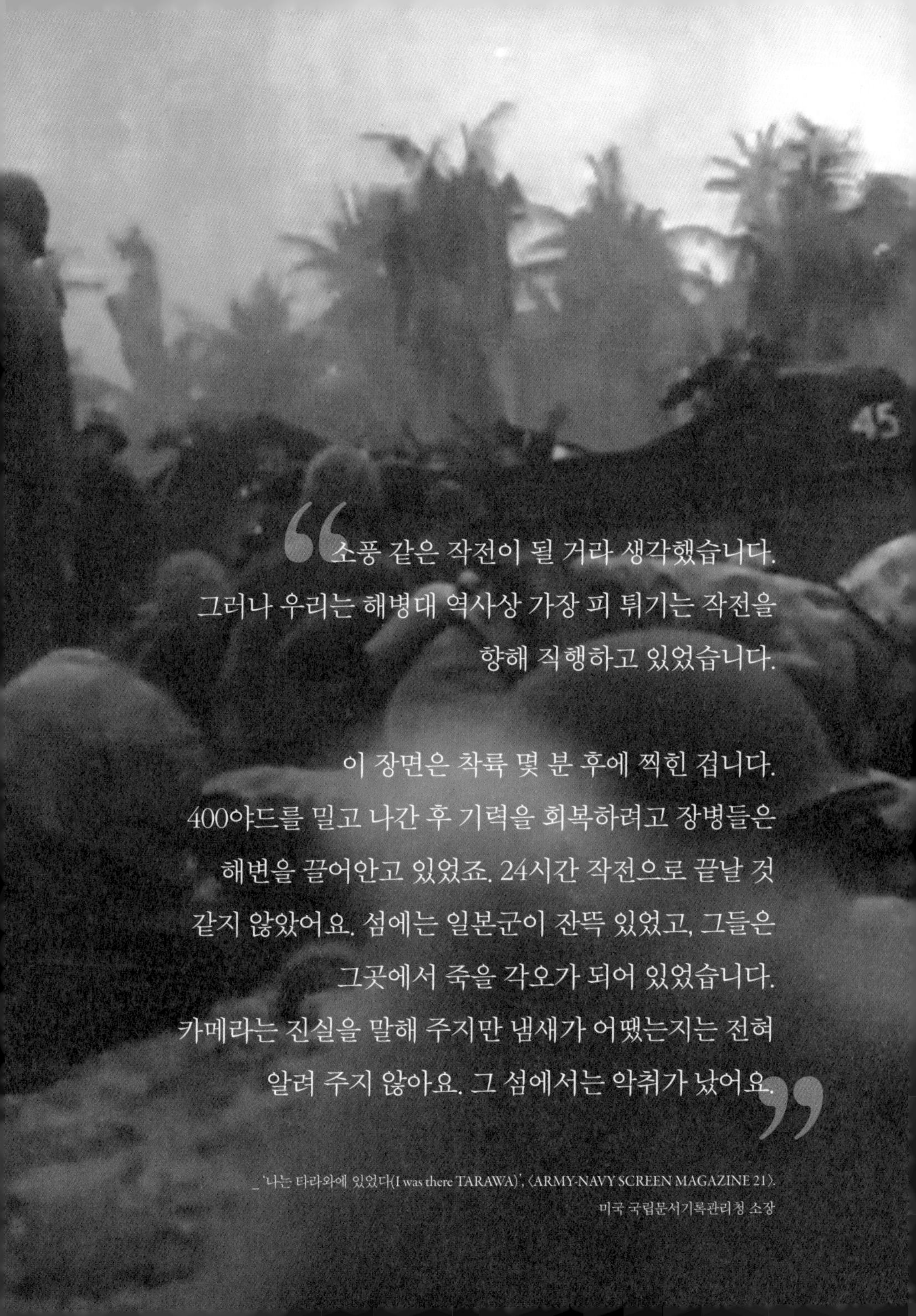

“소풍 같은 작전이 될 거라 생각했습니다.
그러나 우리는 해병대 역사상 가장 피 튀기는 작전을
향해 직행하고 있었습니다.

이 장면은 착륙 몇 분 후에 찍힌 겁니다.
400야드를 밀고 나간 후 기력을 회복하려고 장병들은
해변을 끌어안고 있었죠. 24시간 작전으로 끝날 것
같지 않았어요. 섬에는 일본군이 잔뜩 있었고, 그들은
그곳에서 죽을 각오가 되어 있었습니다.
카메라는 진실을 말해 주지만 냄새가 어땠는지는 전혀
알려 주지 않아요. 그 섬에서는 악취가 났어요.”

_ '나는 타라와에 있었다(I was there TARAWA)', 〈ARMY-NAVY SCREEN MAGAZINE 21〉,
미국 국립문서기록관리청 소장

<타라와에서의 미 해병>. 미 해병대 영상, 사우스캐롤라이나 대학교 소장

이 벙커는 우릴 힘들게 했습니다.
이 벙커를 제거하라는 명령을
받았습니다.

(벙커) 반대쪽에서 우리는 (일본군의 시신을) 발견했습니다.
일본군은 무자비한 군대입니다.
그들에게 목숨은 별 의미가 없습니다.

_〈타라와에서의 미 해병(with the Marines at Tarawa)〉, 미 해병대 영상, 사우스 캐롤라이나 대학교 소장

사망한 미 해병들. 미 해병대 영상, 사우스캐롤라이나 대학교 소장

미 해병대 영상, 사우스캐롤라이나 대학교 소장

미 해군 보고서에 따르면 2,600여 명의 일본군 중 살아서 포로가 된 것은 장교 1명, 사병 16명 총 17명뿐. 옥쇄•를 강요한 일본군 교리에 따라 미군에 생포된 일본군 포로는 극히 적었다. 1천여 명이었던 일본인 군속도 대부분 사망했다. 총 생포자 146명 중 한국인은 129명으로, 전부 노무자였다.

• 옥처럼 부서진다는 뜻으로, 일본 제국이 당시 전 국민에게 '목숨을 버리라'라는 뜻으로 사용한 표현이다

"첫 번째 포로들입니다.

포로들이 무기를 숨기지 못하게 모두 줄을 세워 옷을 자릅니다. 우리는 나중에 그들의 짐에서 새로운 옷을 다시 주었습니다.

부상당한 일본 병사는 포로 중 얼마 되지 않습니다. 대부분 한국인 노동자입니다. 우리 장교 중 한 명이 부서진 상륙선에서 일본군을 체포했습니다. 포로들은 다친 병사들을 부두로 대피시킵니다.

타라와섬에는 많은 한국인 노동자들이 있습니다. 일본인 밑에서 강제 노역을 하던 사람들입니다."

_〈유나이티드 뉴스 80호〉

▶▲ 미 해병대 영상, 사우스캐롤라이나 대학교 소장

▶ 한국인 노동자들, 〈유나이티드 뉴스 80호〉. 미 전쟁정보국 제작, 미국 국립문서기록관리청 소장

해변에서 부상당한 동료를 옮기는 한국인 노무자들. 미국 국립문서기록관리청 소장

미국 국립문서기록관리청 소장

무기를 은닉하고 어디에도 숨기지 못하도록 포로들의 옷을 벗겨야 했어요.

일본인은 모든 것에 무관심해 보였고, 심지어 (포로로) 잡힌 후에도 여전히 자신들이 슈퍼맨이라고 생각했어요. 한국인은 달랐어요. 그들은 일본이 점령한 나라의 국민이었죠. 일본은 노예처럼 일을 시키려고 그들을 타라와에 데려왔어요.

미 해병대 영상, 사우스캐롤라이나 대학교 소장

“우리가 진주만으로 돌아갔을 때
그들은 카이로에서 루스벨트, 처칠, 장제스가 한국의 독립을 보장했다고 말했어요. 우리가 그 한국인을 일본군으로부터 구해 준 것과 같은 날에 말이에요.”

_〈ARMY-NAVY SCREEN MAGAZINE No.21〉. 미국 국립문서기록관리청 소장

1943년 11월 22일, 미국, 영국, 중화민국 세 연합국의 수뇌가 이집트 수도 카이로에 모였다. 루스벨트 대통령과 처칠 총리, 장제스 총통은 이 카이로 회담에서 서로 협력해 일본에 대항하여 전쟁할 것을 협의했고, 일본이 패전할 경우를 가정해 일본의 영토 처리에 대한 연합국의 기본 방침을 결정했다. 카이로 회담에서 합의된 방침은 이후 〈카이로 선언〉으로 발표됐다.

미군의 포로가 된 한국인은 일본에 강제로 노동력을 제공하는 삶보다 현재가 생존할 가능성이 크다는 것을 알아차렸다. 본능적이었다. 포로가 된 후 이들은 미군에게 '자신들이 일본인이 아닌 것', '강제 동원된 한국인인 것'을 알렸을 것이다. 알 수 없는 미래에 대한 불안과 드디어 전쟁이 끝나 집으로 돌아갈 수 있다는 기대가 혼재했다. 그러나 이곳에 왔던 한국인 대부분은 아무런 흔적도 남기지 못하고 낯선 태평양 한가운데에서 생을 마감했다.

포로로 잡힌 한국인이 미군과 대화하고 있다. 미 해병대 영상, 사우스캐롤라이나 대학교 소장

OPERATIONS in the PACIFIC
1942-1945
Legend
MONGOLIA
CHINA
KAMCHATKA
BERING SEA
SAKHALIN
ALEUTIAN ISLANDS
HOKKAIDO
HONSHU
PACIFIC OCEAN
MIDWAY
PEARL HARBOR 7 DECEMBER 1941
HAWAII
WAKE
JOHNSTON
MARIANAS
CAROLINES
MARSHALLS
GILBERTS
BORNEO
SUMATRA
ADMIRALTIES
NEW HEBRIDES
NEW CALEDONIA
CHRISTMAS
CANTON
SAMOA
MARQUESAS
BORA BORA
COOK ISLANDS
TONGATABU
AUSTRALIA
TASMANIA
NEW ZEALAND
TO CHINA-BURMA-INDIA THEATER
THE PROBLEM BASICALLY IS THEOLOGICAL AND INVOLVES A SPIRITUAL RECRUDESCENCE AND IMPROVEMENT OF HUMAN CHARACTER
1 EXPLOITING THEIR SUCCESSFUL ATTACK UPON PEARL HARBOR ON 7 DECEMBER 1941, THE JAPANESE STRUCK AT AMERICAN, BRITISH, CHINESE AND DUTCH TERRITORIES. THE UNITED STATES, FORCED INITIALLY UPON THE DEFENSIVE, NEVERTHELESS DETERMINED TO HOLD OPEN THE LINE OF COMMUNICATIONS TO AUSTRALIA TO AID IN ITS DEFENSE, AND TO REGAIN HER STATUS IN THE PHILIPPINES. IN MAY AND JUNE 1942 THE ENEMY WAS CHECKED AT THE BATTLES OF THE CORAL SEA AND MIDWAY AND THE BALANCE OF SEA POWER IN THE PACIFIC WAS RESTORED.
3 SUBMARINES PERSISTENTLY ATTACKED JAPANESE SHIPS CARRYING OIL, RUBBER AND OTHER MATERIALS ESSENTIAL TO THE ENEMY'S INDUSTRY.
4 TO PENETRATE THE ENEMY'S DEFENSES AND GAIN BASES FROM WHICH AIRCRAFT COULD STRIKE AT THE JAPANESE HOME ISLANDS THE UNITED STATES IN 1943 COMMITTED ITS FORCES IN A SUCCESSION OF TRIPHIBIOUS ASSAULTS ALONG TWO MAIN AXES OF ADVANCE. ONE THRUST CONTINUED THE ATTACKS NORTHWESTWARD SIMULTANEOUSLY THROUGH THE SOLOMONS AND ALONG THE COAST OF NEW GUINEA. THE OTHER CROSSED THE VAST REACHES OF THE CENTRAL PACIFIC VIA THE GILBERT AND MARSHALL ISLANDS, THEN THE MARIANAS (BRINGING ON THE BATTLE OF THE PHILIPPINE SEA) AND THE PALAUS. FAR TO THE NORTH OTHER AMERICAN FORCES EXPELLED THE ENEMY FROM THE ALEUTIANS. IN BURMA ALLIED FORCES FOUGHT TO REOPEN THE OVERLAND SUPPLY ROUTE TO CHINA AND STIMULATE HER EFFORTS TO EJECT THE JAPANESE.
5 AFTER THE CAPTURE OF THE MARIANAS, BOMBERS FROM THESE ISLANDS JOINED THE ASSAULT ON JAPAN, ALREADY STARTED FROM AIRFIELDS IN CHINA, WHICH DEVELOPED INTO CONTINUAL AND VIOLENT BOMBARDMENT AIMED AT THE DESTRUCTION OF THE ENEMY'S MILITARY AND INDUSTRIAL SYSTEMS.

2019년 타라와의 현재 모습. 황동준 제공

2019년 타라와의 현재 모습. 황동준 제공

TEKEUEA

Makin Atoll / Gilbert Islands

마킨

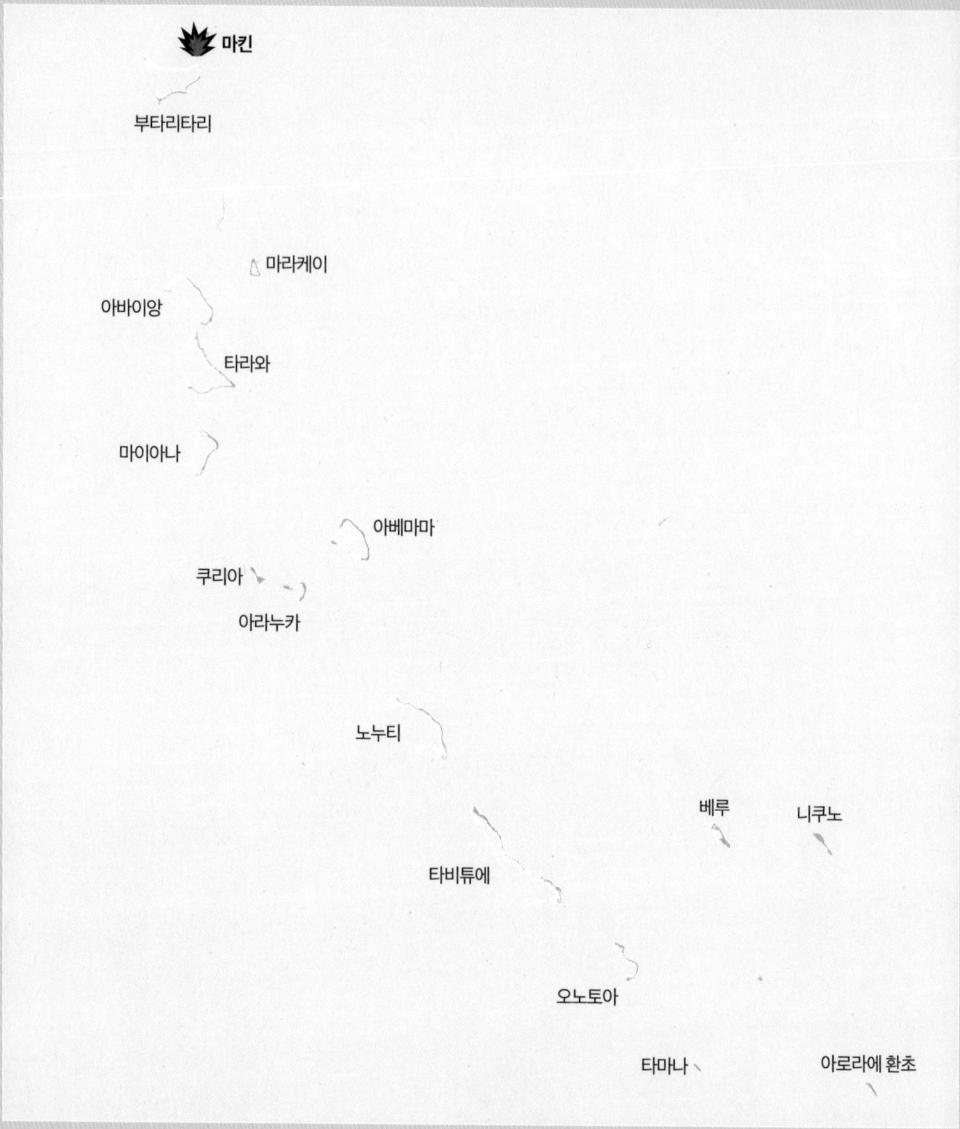

마킨

부타리타리

마라케이

아바이앙

타라와

마이아나

아베마마

쿠리아

아라누카

노누티

베루

니쿠노

타비튜에

오노토아

타마나

아로라에 환초

길버트 제도의 섬 중 타라와 환초와 동시에 공격받은 곳이 있었다. 마킨 환초였다. 1943년 11월 20일, 타라와 공격과 함께 감행된 미 육군의 공격에 섬을 지키던 일본군 400명 중 약 395명이 전사했다. 섬에는 일본군 외에도 400여 명의 일본인과 한국인 노무자가 있었다. 전투는 이들을 피해 가지 않았다. 미 국립문서기록관리청에는 마킨에 남아 있던 일본인과 한국인 노무자를 주변 지역으로 운송하는 미군의 모습이 사진 자료로 남아 있다.

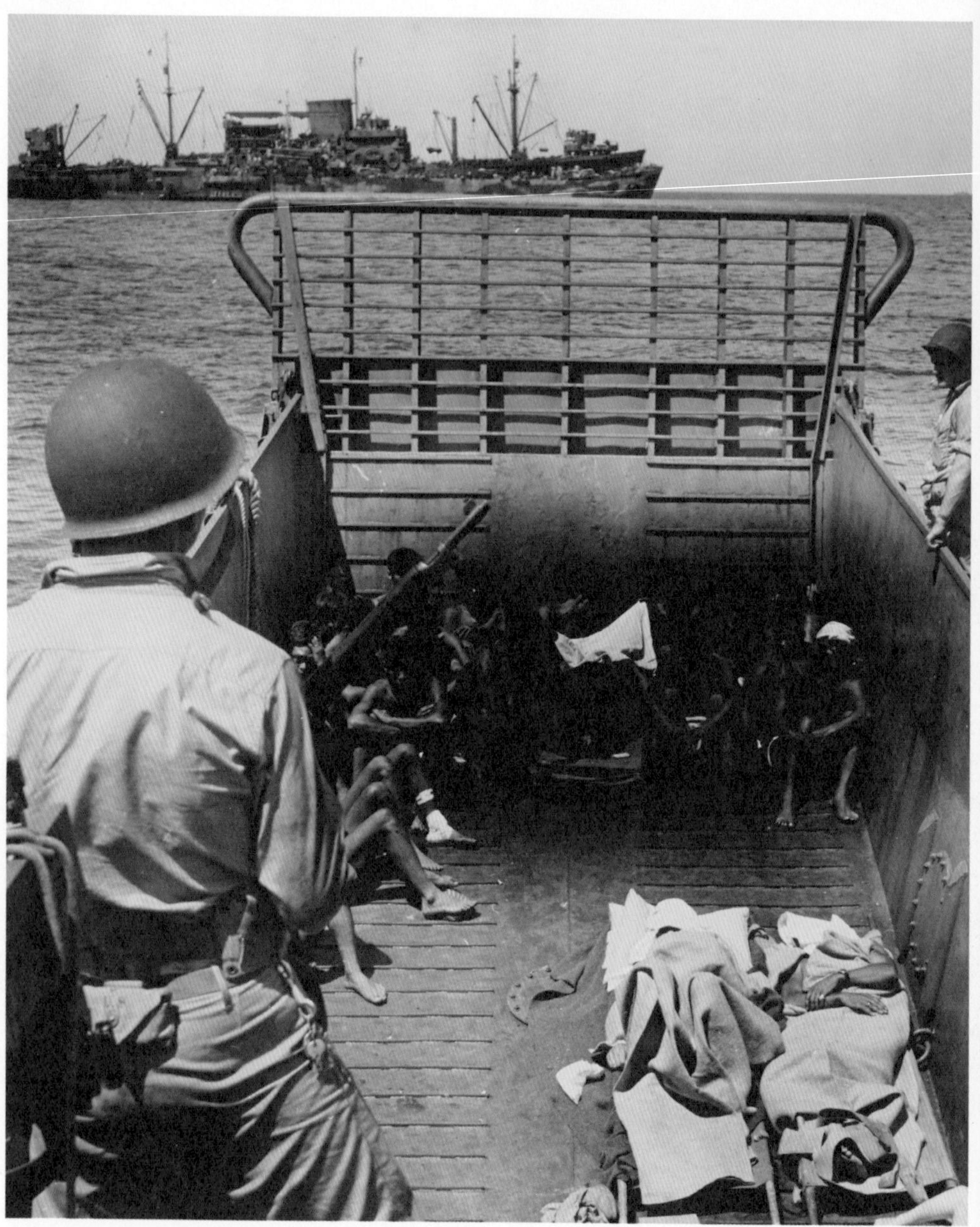

 해안 경비대가 일본군과 한국인 노무자를 이송하고 있다. 미국 국립문서기록관리청 소장

마킨 전투에서 잡힌 일본인과 한국인 포로 중
특별한 치료가 필요한 일본인 포로를 미 해안 경비대가 배에 태우고 있다. 미국 국립문서기록관리청 소장

마킨 공습에서 잡힌 일본군과 한국인 노무자들. 미 해안 경비대와 이야기를 나누고 있다. 뒤쪽에 활짝 웃고 있는 두 명이 한국인이다.
미국 국립문서기록관리청 소장

활짝 웃고 있는 한국인의 표정과는 달리, 일본인 포로의 얼굴에서는 웃음기를 찾아볼 수 없다.

마킨 전투 후 미 해안 경비대에 의해 수송되는 일본인과 한국인의 얼굴에는 상반된 감정이 묻어 있다.

마킨에서 잡힌 일본인, 한국인 포로들. 미국 국립문서기록관리청 소장

Kwajalein Atoll / Marshall Islands

콰잘레인

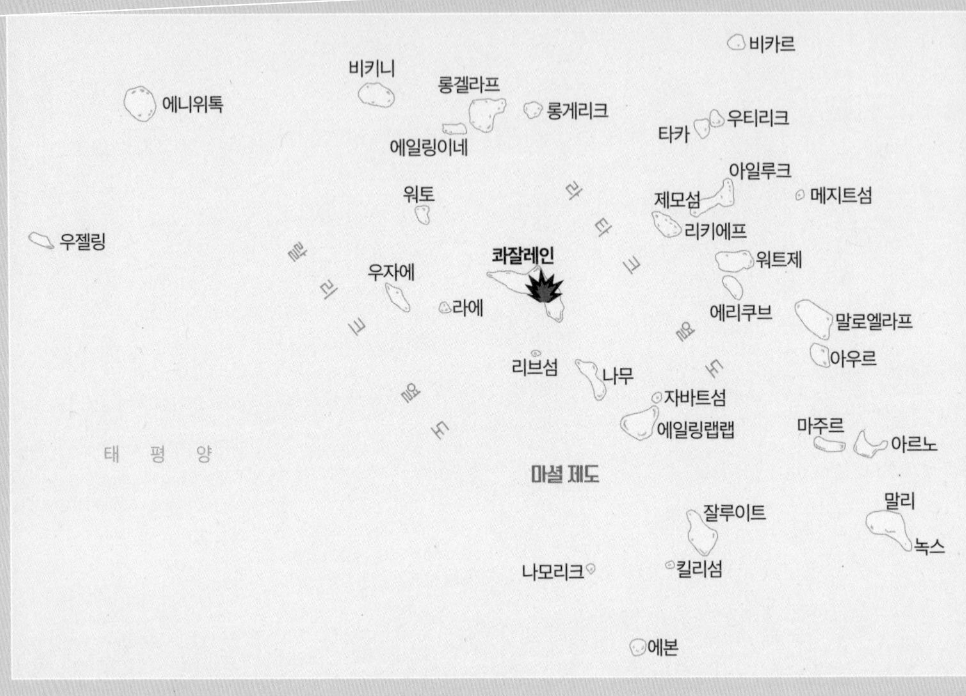
비카르
비키니
롱겔라프
에니위톡
롱게리크
우티리크
타카
에일링이네
아일루크
워토
메지트섬
제모섬
리키에프
라타크 열도
우젤링
랄리크 열도
콰잘레인
워트제
우자에
라에
에리쿠브
말로엘라프
아우르
리브섬
나무
자바트섬
에일링랩랩
마주르
아르노
태 평 양
마셜 제도
말리
잘루이트
녹스
나모리크
킬리섬
에본

미군의 다음 목표는 마셜 제도였다. 일본의 공군, 해군 기지로 가득 찬 700마일(약 1,100km)의 마셜 제도 환초 지역은 중부 태평양을 위협하는 일본의 창끝이었다. 그 전략적 중심지인 콰잘레인 환초. 약 105km 길이의 이 지역은 이웃한 트럭섬과 함께 일본군 주둔지 공격을 위해 미군이 반드시 점령해야 하는 지역이었다.

1944년 2월 1일 아침, 선제 포격이 끝난 후 미군이 콰잘레인 해변에 상륙했다. 미군은 천천히 진군했고, 조직적이었던 일본군의 저항은 2월 4일 끝이 났다. 2월 7일, 미군은 섬을 점령했다. 콰잘레인에 주둔해 있던 일본군 4천여 명은 모두 사망했다.

마셜 제도 전투에 참전한 미군 4만 1,446명 중 372명이 사망했고 부상자는 1,582명에 달했다. 길버트 제도에서 있었던 전투보다는 피해가 크지 않았다. 일본군은 전멸했다. 7,870명이 사망했고 265명이 포로로 잡혔다. 그중 165명이 한국인이었다.

일본군 자료에 의하면 당시 콰잘레인의 500여 명을 비롯해 마셜 제도에 1,600여 명의 한국인 군속이 있었다. 현재 살아서 포로가 된 165명을 제외하고는 아무도 그 생사를 알지 못한다.

“2.5마일(약 4km)의 콰잘레인에
계속 타격이 가해집니다.
모든 무기가 적군에게 가차 없는 압박을 계속합니다.
미군 장교가 확성기를 들고 일본어로 망가진 포좌에서
버티는 적군의 항복을 요구합니다.”

_〈유나이티드 뉴스 92호〉

"일본군 한 명이 밖으로 나옵니다.
또 다른 일본군은 백기를 들고 있습니다.
일본군 한 명이 장교에게 자신의 사격 진지에 10명이 있었다고 말합니다. 이제는 다 죽거나 포로가 되었죠."

_〈유나이티드 뉴스 92호〉

 백기를 든 일본군, 〈유나이티드 뉴스 92호〉. 미 전쟁정보국 제작, 미국 국립문서기록관리청 소장

전투가 끝난 자리에는 일본군 외에
원주민도 있었다.
이들은 왜 전쟁터에서 발견됐을까.

일본군이 남태평양 군도에서 일본인, 한국인뿐 아니라 원주민 여성을 위안부로 강제 동원했다는 사실은 목격자와 피해자의 증언으로 남아 있다.

일본인을 위해 강제 노역한 카나카 원주민(Kanakas, 하와이 및 남양 제도의 원주민), 〈유나이티드 뉴스 92호〉. 미 전쟁정보국 제작, 미국 국립문서기록관리청 소장

한국인 포로들은 미군과 협조적인 관계를 유지했다. 미군은 일본이 한국인을 강제 동원했다는 것을 알고 있었고, 일본군과 분리해 관리했다. 한국인은 적절한 때가 되면 조국이 주권을 회복하고 독립국 국민의 대우를 받으리라 기대했을지도 모른다.

죽음의 문턱에서 살아남은 이들의 표정이 담담하다.

▶ 해안에서 미군과 함께 지도를 보고 있는 한국인 포로들. 미 육군통신대 영상, 미국 국립문서기록관리청 소장

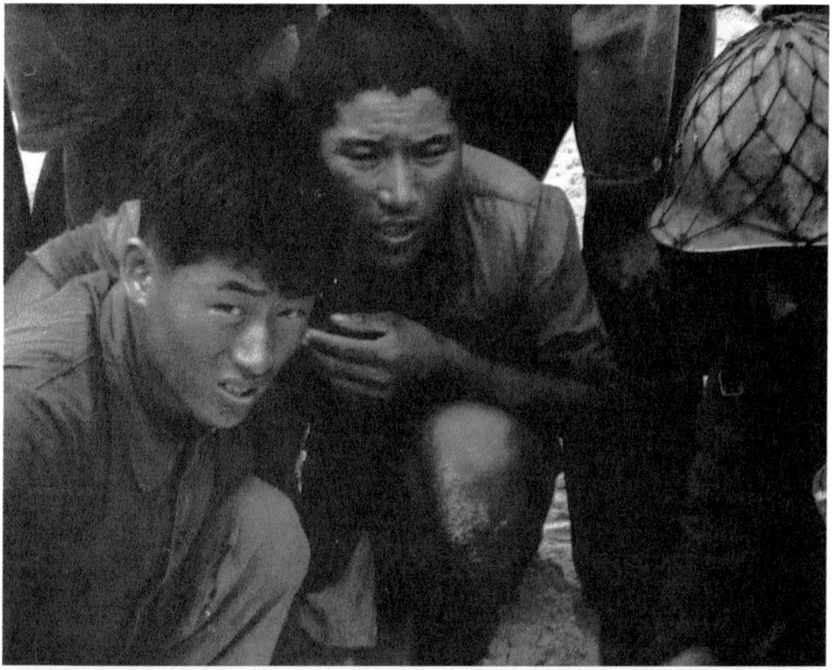

PRISONER OF WAR

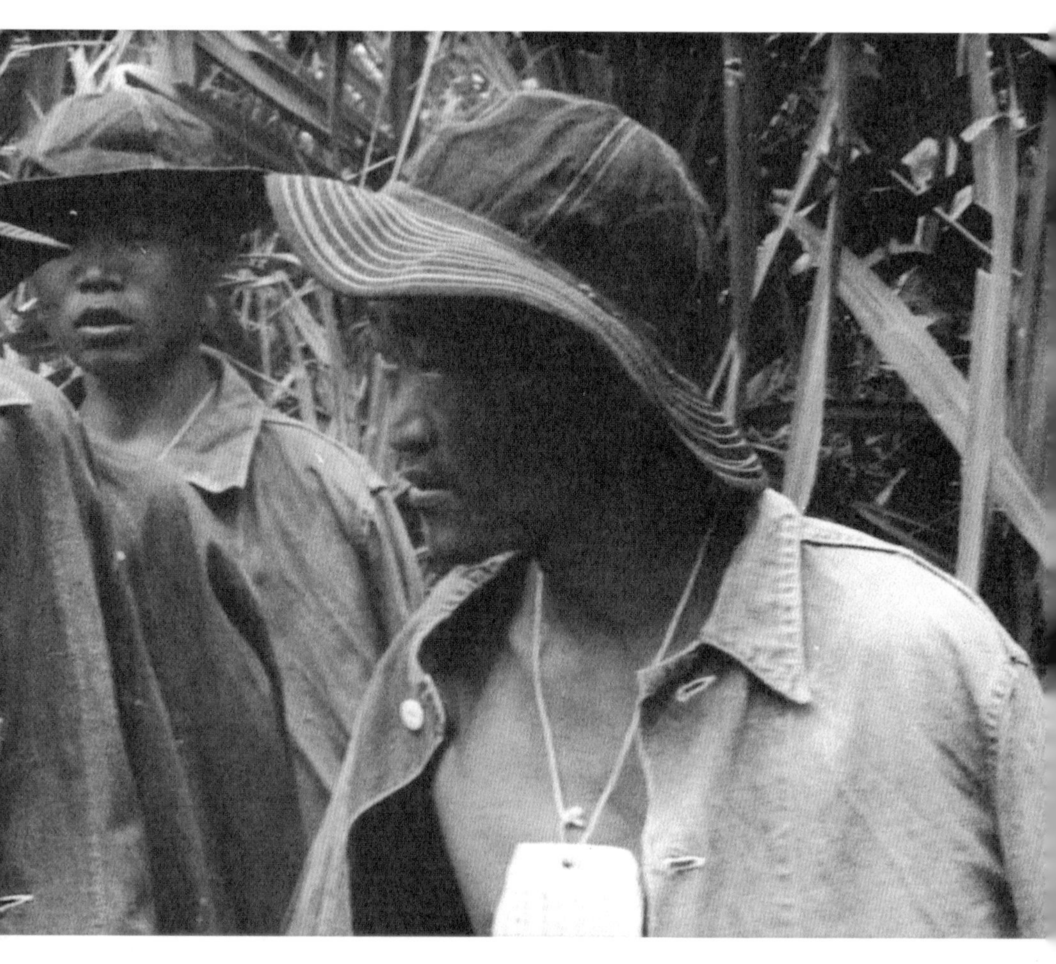

한국인 포로들을 분류해 이름표를 달고 심문하고 있다. 미 육군통신대 영상, 미국 국립문서기록관리청 소장

Saipan / Northern Mariana Islands

사이판

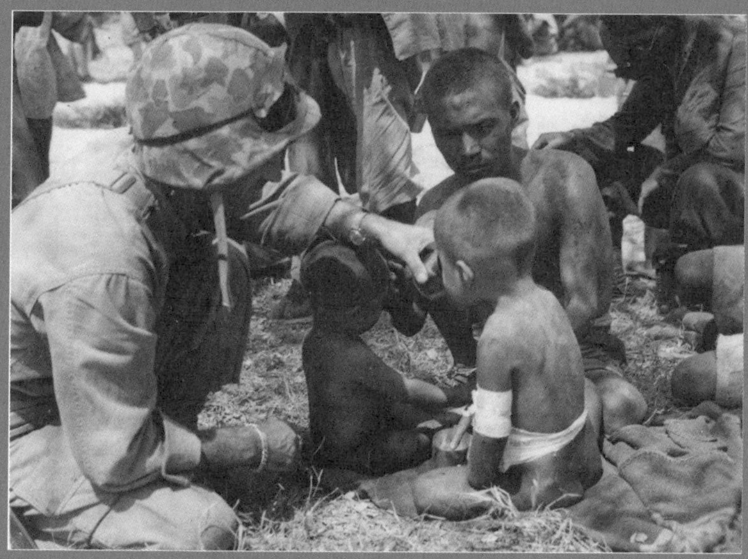

파라롬 데 파자로스

모프

아순시온

필 리 핀 해

아그리한

파간

알라마간

구구안

북 태 평 양

질란디아 뱅크

사리강

아나타한

파라롬 데 메디닐라

사이판

티니안

아귀잔

로타

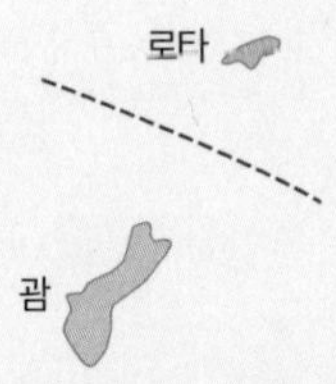

괌

북마리아나 제도

사이판에서는 일찍부터 제당 산업이 발달했다. 제1차 세계 대전 이후부터 사이판을 위임 통치하던 일본은 사탕수수 산업을 육성했고, 국가 주도로 산업을 성장시켰다. 남양 군도 지역을 빠른 시간에 일본화하고 싶었던 일본은 부족한 인원을 한국인으로 충당했다. 1939년부터 농업 이민의 형태로 많은 한국인이 동원됐고, 이는 조선 총독부 등 국가가 개입해 이루어졌다.

사이판은 중요한 전략적 요충지였다.

항속 거리가 5천km에 달하는 미국의 신형 폭격기 B-29는 사이판에서 출발하면 일본의 심장부에 치명타를 가할 수 있었다. 따라서 사이판은 B-29의 폭격 범위에 도쿄를 포함하는 비행장을 건설해야 하는 미군에게도, 본토를 지켜야 하는 일본에게도 잃을 수 없는 거점이었다.

태평양 전쟁은 모든 것을 바꿔 놓았다. 1943년 9월, 일본은 본토 방위를 확보하고 전쟁 지속을 위해 필요불가결한 영토로 '절대국방권絶対国防圏'을 설정하고 사이판 일대를 절대국방권의 핵심 거점으로 삼았다. 사탕수수밭의 일꾼이었던 한국인도 기지 건설을 위한 군속으로 동원됐다.

1944년 6월 15일 아침 7시, 해군의 폭격이 끝난 후 미 해병대를 선두로 미군이 사이판에 상륙했다. 일본군이 채 방어 체제를 갖추기도 전, 미국의 공격이 시작된 것이다.

사방이 낭떠러지인 사이판에서 모래 해안이 있는 남부 해안에 공격이 집중됐다. 일본군은 끈질기고 극렬하게 저항했다. 일본군은 낮에는 동굴에 숨어 있다가 밤에 나와 미군을 공격했다.

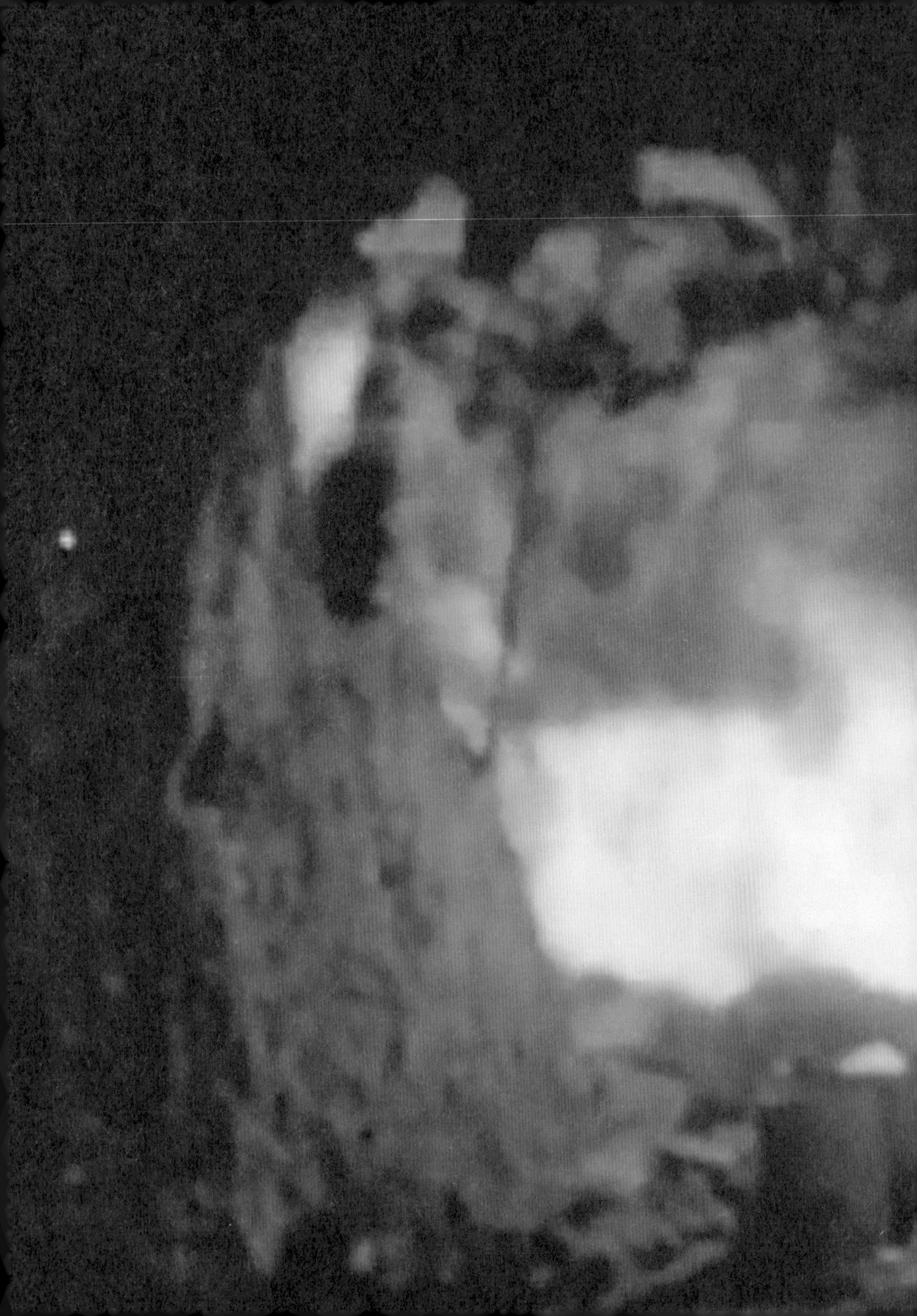

미군은 동굴에 화염을 방사하고 폭발물을 던지며
일본인들을 몰아냈다.
미군의 공격이 진행되면서 1944년 6월 말이 되자
일왕은 사이판 주민에게 자살을 권고하는 칙령을 내린다.

군인뿐 아니라 민간인도
바다로 몸을 던졌다.

동굴에 화염을 방사하는 미군. 미 해군 영상, 미국 국립문서기록관리청 소장

수세에 몰린 일본군 지휘관은 7월 7일부터 자살 공격을 감행했고, 이틀 후인 7월 9일 미군이 사이판 점령을 선언했다. 전투의 대가는 컸다. 일본군은 약 3만 1천여 명의 사상자를 냈고, 미군은 1만 4천여 명이 사망하거나 부상당했다.

미군은 전투가 끝난 것을 모르고 여전히 섬 곳곳에 숨어 있는 한국인을 위해 수색 전단을 만들어 배포했다.

◀ 바다로 몸을 던지는 민간인 여성. 미 해군 영상, 미국 국립문서기록관리청 소장

"숨어 있는 사람들이 있는 곳은 어디요

숨어 있는 사람은 몇 명이오

조선 사람이요"

LOCATIONS OF OTHERS

かくれてゐる人間の居る所について

수머잇는사람들이인는곳은어데요

NUMBER OF PERSONS ?

かくれてゐる人間は幾人か

수머잇는사람은몃명이요

WHO ARE THEY ?

일본병정이요	TROOPS	日本兵隊か
섬에사는사람이요	CIVILIANS	普通民か
토인이요	NATIVES	土人か
조선사람이요	KOREANS	朝鮮人か

APP. DISTANCE FROM HERE (FEET) ?

かくれてゐる人間の居る所迄幾尺あるか

수머인는곳까지몃자나됨니까

YOU HAVE.... MINUTES TO GET BACK

....分以内に其の人間を連れて帰って來い

....분이내에수머인는사람들을데리고오시요

45分 40分 35分 30分 25分 20分 15分 10分 5分

PATROL CARD

On this card are instructions to Japanese and to Koreans. It directs them to show you on a map or by some other way where there are others hiding or in a position. If you show this man how you want him to approach the position, after he tells you where it is, he will go forward and call to the others to come out unarmed, with hands up. They are to return in single file when you motion them to return. He is directed to make no suspicious motions. Beware of trickery, but make every effort to capture as many prisoners as possible.

(Remember that some prisoners will not be able to read; some will not know where there are others.)

EVERY PRISONER TURNED IN MEANS THE SAVING OF AMERICAN LIVES, TIME, MATERIEL

JAPANESE

君と君等の戦友は最後の一分間迄良く戦った君達は此れより以上戦ふ必要更になし残って居る
殘留者は本人の希望通り死んでも、もしくは自殺しても、かまわないけれども二三の安い弾丸と身を
取換へる必要なしと思ふ。其處の處をもう一歩前に踏出して考へて見たまへ
君が悪く指導されたか又は米國の勢力が強かったので失敗し壓倒されたかは知らないけ
れども、それは君としては決して悪るくはない。君と君の戦友はよく任務を果したが今か
らは軍人と軍人の間で名譽なる待遇を差上げる。米國人は無理に人命を奪ひたくはな
い。それに伴って米國の兵隊が日本人を救助するのに
君がもし此の附近に人間の居る所を知ってゐるならば、無事に出て來る樣な手段があれば
其處の人間に言って來て呉れるか、最初何處に居るかを詳しく指にさして呉れ、そうす
ると米國の兵隊は其處に行く迄の道、又は行動を地圖或は手まねで教へてやる。それでい
よく其處に行く時に於いて米國の兵隊と連絡がきれたならばいけぬから連絡の出來
る樣に始終米國の兵隊の居る處を見乍ら行け
愈々其の人間の居る所に近づいた場合君の聲が充分聞える處迄行ったならば直く
大きな聲で我々は米國人の兵隊から煙草と食物を貰へる樣になってゐるし又は傷つい
た處は親切に治療して貰へる樣になってゐるから安心して出て來い又出て來る時は武
器なしの身で兩手を高く上げて出て來いと言へ。其處で皆んな出て來た後、後方
の米國の兵隊を見て兩手を高く上げさせ、一列に並ばせてゆっくりと連れて來い。歩い
て來る時米國の兵隊は銃で皆を見透し乍ら帰りを待って居る。其の途中に於て
危險もしくはあやしい行動を取る者あれば遠慮なく射つ。又皆の者が米國の陣
地に來る迄ずっと此の米國の兵隊が見える所を通って來い

KOREAN

이전쟁은미국하고일본의전쟁이요.조선이일본인한테압제받는것이이십육년간이요.조선인
이자유스러운생활을못하는것과,일본을위하야,죽도록일을,하는것은,미국사람은잘압니
다.당신들은미국에적이안이다.기루바군도에.다라와.마강하고.마-샤루군도에구와제링에서온
조선사람은지금.아메리카에서.편안이.잘.잇습니다.그러니까.당신들에게도.담배와.조흔음식을.드
리고.또는.상처한곳에는.친절이치료하야드립니다.안심을하십시요.
여러분께서.이자리에서.일.하신분은.상당한.돈을.줄것이니.안심하시요.죄업는사람은.절대로.미
국사람은죽이고십흐지.안습니다(단.조선사람.일번병장.지방인.토인.일본인.누구나.모두포함하고)
이.근처에.사람잇는곳이나.일본병장모여잇는곳이나.지방인.토인.일본인.이보여.잇는곳을.알
며는.가르쳐주십시요.
만약.당신이사람잇는.곳에가서.거기에.잇는사람들을.구원.할만은.능여이.잇다하면은.미국
병장이.자세히.가리켜주며.가는길과.엇써케〈하라는것을.지도와.혹은.손짓을하여가여
알이켜.줍니다.지금미국병장과.이약이가.끗나서.사람잇는곳에.갈새에.미국병장이.말한
길을가되.반다시.미국병장하고.연락이.끈어저서는.아니되니까.언제든지.미국병장을.바라
다.보면서.가다가.거긔사람들이.알어들을만한.곳에가서.미국병장이보이는데.까지가면
은.거긔에서.말하되.나는지금.음식과.담배을.만히.엇고.또.닷친곳에.친절이.치료을.밧
엇소.여러분도.조곰도.굼심말고.두손을.놉히.들고나오시요.사람들이나온후에는.미국병
장이.오라고.손짓을하거든.그사람들을.일열로.세워서.천々히.그사람을.데리고.오십시요.
거긔에한하야.미국병장이.여러분이.거러서.미국병장압흐로.올때까지.총끗을.견우고.잇다
가.만약에.불행한.행동을.하는사람이잇스면.사정업시.쏘와.죽일터이니.손을.놉히.들고.천
천히.거러오십시요.반다시.오시는길에는.미국.병장이.보이지.안은.곳으로거러오면.불행.하오
니.미국병장이.보이도록.길로.거러오십시요.

갑오년날리ㅡ、

조선사람、왜、일본사람ᄯᅢ문에 죽음넉ᄭᅡ、일본놈들이、이십육년전、三月一日에조선사람을만이、죽인것은여러분도、자세히 아시지요、그후로부터、일본놈들이、조선을ᄲᅢ아서가지고、막、부려먹고、압제을、준것과서름을로、오날ᄭᅡ지、사라온것은잘아실것입니다、

조선독입을위하야、지금붓터、분투노력하시요、우리는지금、미국이、익기면자유스럽고행복스럽게、살며곳、조선은、독립합니다ㅡ

발근ᄯᅢ에、누구을、물넌하고、손을들고、나오시요、한사람식오시요、여러시몰여오지마시요、조선사람은、젼ᄯᅢ로、미국에적이、안이요、안심하시요、밥과、담배와、음식을만이주며、닷친대도、친졀이치료하야주니、아무근심마시요、우리조선사람에ᄯᅢ는왓다ㅡ、

조선독립만세

"조선 사람이 왜
일본 사람 때문에 죽습니까

밝은 때 누구를 막론하고 손을 들고 나오시오

조선 사람은 절대로 미국의 적이 아니오"

◀ 미군의 항복 권유 전단. 알렉산더 아스트로스 수집

태평양 전쟁 종전 후

남양 군도 재류 한국인을 본국으로 송환하고자 작성한 서류에 의하면, 1945년까지 1,300여 명 이상의 한국인이 사이판에 있었다. 민간인은 적절한 치료를 받을 수 있었고 식량이 주어졌다.

1944년 6월 16일 사이판

한국 민간인이 오두막 옆에 모여 미군으로부터 치료와 음식물을 받고 있다.
미 육군통신대 영상, 미국 국립문서기록관리청 소장

1944년 6월 16일 사이판

한국 민간인이 미군에게 물과 빵을 받고 있다. 미 육군통신대 영상, 미국 국립문서기록관리청 소장

1944년 6월 22일 사이판

미 해병이 한국 어린이에게 물을 주고 있다. 미국 국립문서기록관리청 소장

1944년 7월 4일 사이판
의료진이 상처 입은 한국인 포로를 치료하고 있다. 미 육군통신대 영상, 미국 국립문서기록관리청 소장

1944년 7월 10일 사이판

한국인 여성이 임시 수용된 사람들에게 주려고 큰 주먹밥을 만들고 있다.
미 해병대 영상, 미국 국립문서기록관리청 소장

미 해병은 사이판 남부의 수수페Susupe에 포로수용소를 건설하고 원주민인 차모로인과 캐롤라인 제도 사람을 수용했다. 이후 포로수용소 '캠프 수수페'에는 일본인과 한국인까지 수용되었다. 1945년 1월 15일에는 수수페 내에 한국인을 위한 마을이 지어졌고, 일본인을 위한 마을도 비슷한 형태로 지어지기 시작했다. 이 마을들은 마치 세트 같았다. 6m×91m 혹은 6m×45m짜리 우물이 있었고, 3.6m×4.5m의 집으로 나누어졌다. 한 세트에는 주방, 화장실, 쓰레기를 버리는 곳, 조리대와 정화조가 있었다.

캠프 수수페의 인원은 1만 8천 명을 넘어섰다. 전쟁 시기 인구 집계가 이루어지지 않았기 때문에 정확한 숫자는 알 수 없다. 다만 일본이 전쟁 전인 1936년 사이판 인구를 조사했을 때 2만 3,819명이 있었고, 1943년에는 약 3만 명, 1944년 1월에는 3만 2천 명이 있었다. 조사한 전체 인구수와 비교해 봤을 때 캠프 수수페에 상당히 많은 인원이 수용됐다는 것을 짐작할 수 있다. 1944년 7월 7일, 캠프 수수페의 인구를 조사했을 때 수용소에는 6,813명이 있었고, 그중 784명이 한국인이었다. 이후 수용소 인구는 가파르게 증가했다. 7월 31일에는 1만 4,537명으로 조사되는데, 그중 1,171명이 한국인이었다.

캠프 수수페 내 한국인 판잣집. 1945년 미 해군 보고서

수용소 인구가 꾸준히 증가한 것은 동굴 속에 숨어 있던 사람들이 합류했기 때문으로 보인다. 이외에도 북마리아나 제도의 다른 섬인 아나타한Anatahan, 사리강Sarigan, 아그리한Agrihan, 아순시온Asuncion, 알라마간Alamagan 등에 해군이 정찰을 나가 데려온 사람들도 합류했다.

Tinian / Northern Mariana Islands

티니안

파라롬 데 파자로스

모프

아순시온

필 리 핀 해

아그리한

파간

알라마간

구구안

북 태 평 양

질란디아 뱅크

사리강

아나타한

파라롬 데 메디닐라

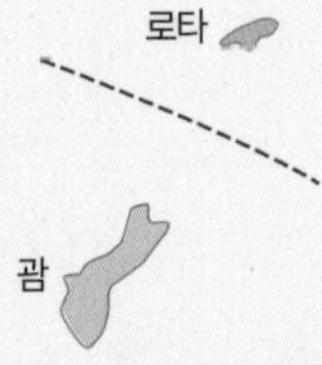

북마리아나 제도

미군이 티니안을 점령하는 데는 열흘이 채 걸리지 않았다.

사이판 공략을 마친 미군은 당시 남양 군도 일본군 최대 비행장이 있던 티니안으로 향한다. 1944년 7월 24일, 미군이 티니안 북서부 츄로Churro 해안에 상륙했다. 산호초로 이루어진 섬에서 미군과 일본군은 일진일퇴를 거듭했지만, 섬의 유일한 수원지를 점령한 미군이 결국 섬을 장악했다.

미 해군 보고서에 따르면, 미군 389명이 티니안에서 사망했다. 반면 일본인은 사망자가 5천여 명에 달했다. 3천여 명은 동굴에서 농성하다 자결했으며, 생포된 일본군은 250여 명에 그쳤다. 미군 상륙 당시 티니안의 민간인은 일본인이 1만 3천여 명, 한국인이 2,500여 명 이상 있었다. 한국인은 사이판에서와 마찬가지로 사탕수수밭에서 일하기 위해 동원된 사람들이었다.

▶ 동굴에서 나오는 피난민. 미 해병대 영상, 미국 국립문서기록관리청 소장

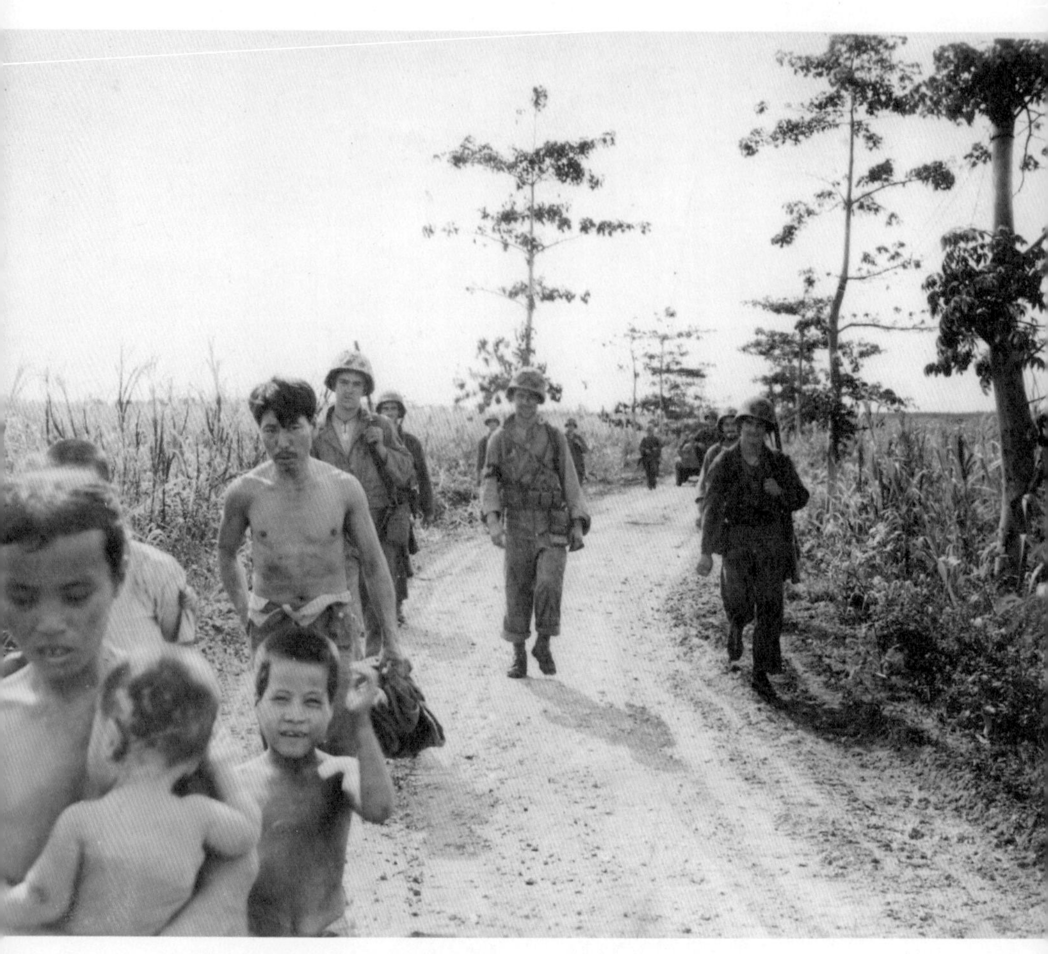

1944년 7월 티니안

항복한 한국인과 함께 걷는 미군. 미국 국립문서기록관리청 소장, 알렉산더 아스트로스 수집

항복 직후 한국인이 길을 걷고 있다. 미국 국립문서기록관리청 소장, 알렉산더 아스트로스 수집

이국의 섬에서도 하얀 저고리를 입고 쪽 찐 머리를 한 여인이 보인다.
미 해병대 영상, 미국 국립문서기록관리청 소장, 북마리아나 인문회 수집

미군 카메라에 촬영된 한국인 포로는 모두 민간인이었다.

거짓 선전에 속아, 혹은 좀 더 나은 미래를 위해 고향을 떠났던 이들. 갖은 차별과 열악한 환경 속에서도 삶을 이어 왔던 이들의 진짜 삶은 전쟁이 끝난 후부터 시작되었을 것이다.

임시 수용소가 만들어졌다. 이곳에서는 어느 정도 자유로운 생활이 보장됐다. 일하면 대가를 받을 수 있었다. 미군은 수용소를 자치제로 운영하고, 수십 명의 한국인 근무원을 두었다. 행정, 교육, 위생, 취사 같은 다양한 업무가 근무원에게 주어졌다. 미군은 인력이 부족할 경우 운송 업무에도 동원했다. 한국계 미국인 통역관이 매일 출근해 한국인을 관리했다. 노동을 통해 번 돈은 저축하거나 개인을 위해 소비할 수 있었다. 이제야 강제 노역이 아닌 노동을 할 수 있게 된 것이다.

▶ 급여를 받기 위해 신원을 확인받는 민간인. 미 육군항공대 영상, 미국 국립문서기록관리청 소장

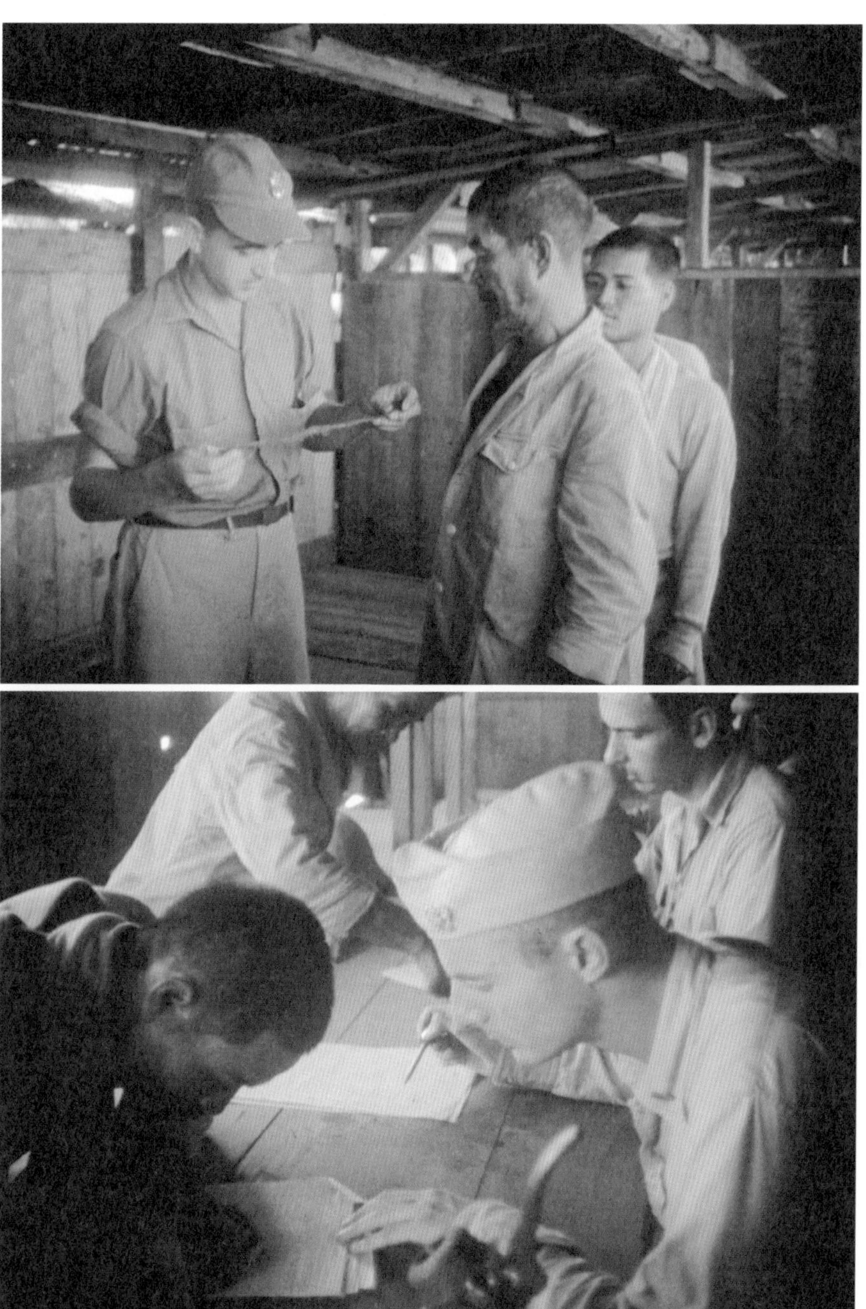

▲ 급여를 정산하는 미군. 미 육군항공대 영상, 미국 국립문서기록관리청 소장

▶ 노동의 대가를 받고 즐거워하는 민간인. 미 육군항공대 영상, 미국 국립문서기록관리청 소장

1944년 7월 티니안

수용소에 두 번째로 들어온 한국인들.
미 해군 보고서에 따르면 1944년 7월, 한 수용소에는 1,170여 명에 달하는 한국인이 있었다.
미국 국립문서기록관리청 소장, 알렉산더 아스트로스 수집

전쟁의 상처 속에서도 아이들은 자라났다.

1944년 8월 티니안 한국인 수용소

한국인 수용소에서 형이 동생을 씻기고 있다.
미국 국립문서기록관리청 소장, 알렉산더 아스트로스 수집

1944년 8월 티니안 한국인 수용소

한 남자가 아들에게 마실 물을 주고 있다. 미국 국립문서기록관리청 소장, 알렉산더 아스트로스 수집

1944년 8월 티니안 한국인 수용소

한 어머니가 아들을 씻기고 있다. 미국 국립문서기록관리청 소장, 알렉산더 아스트로스 수집

두 남녀가 결혼했다.

전쟁터에서도 삶은 이어졌다. 영원히 오지 않을 것 같던 일상이 회복되고 있었다.

▶ 미국 국립문서기록관리청 소장, 알렉산더 아스트로스 수집

1944년 11월 10일 티니안 한국인 수용소

한국인 캠프에서 처음으로 기독교식 결혼을 올린 한국인. 티니안 미 적십자사가 준비했다. 신랑은 한국인 노동자 지도자, 들러리는 한국인 수용소 대표다. 미국 국립문서기록관리청 소장, 알렉산더 아스트로스 수집

Iwo Jima / Japan

이오지마

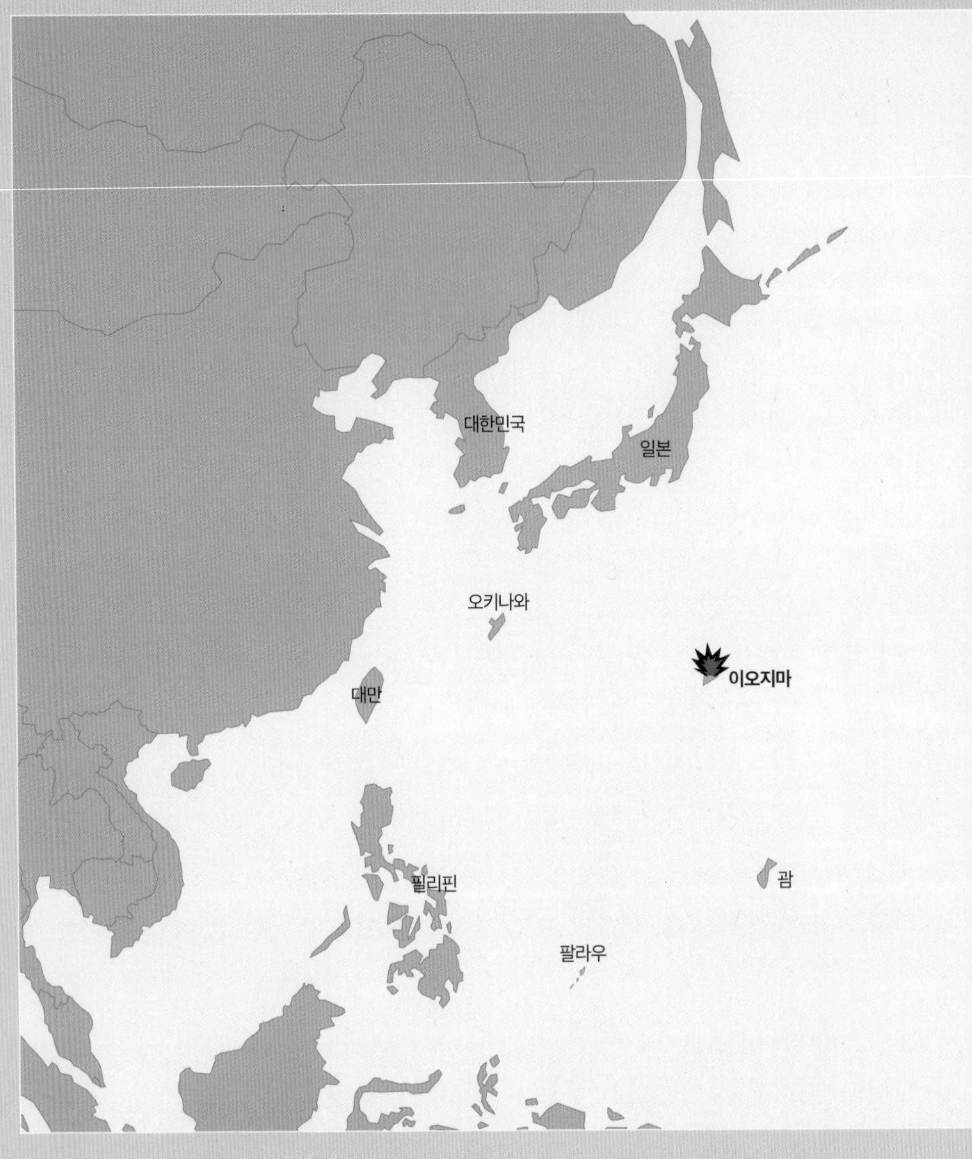
대한민국
일본
오키나와
이오지마
대만
필리핀
괌
팔라우

전쟁의 끝이 다가오고 있었다. 미군이 향한 곳은 일본의 심장부인 도쿄로 가는 중간 거점, 이오지마였다. 길이 8*km*, 폭 4*km*의 '세계에서 가장 견고히 요새화된 섬'. 일본군은 섬 남단의 해발 170m 스리바치산을 중심으로 견고한 방어 진지를 구축했다. 미군은 해병대 3개 사단을 중심으로 한 7만여 명의 병력으로 구성되었다.

1945년 2월 19일 새벽 2시,
미 해병대가 이오지마에 폭격을
시작했다.

미 해병대가 이오지마에 상륙한 지 한 달이 채 못 된 3월 17일, 미군은 섬을 장악했고 거의 모든 일본군 부대가 전멸했다.

_〈이오지마 해변으로〉. 미 해병대 영상, 사우스캐롤라이나 대학교 소장

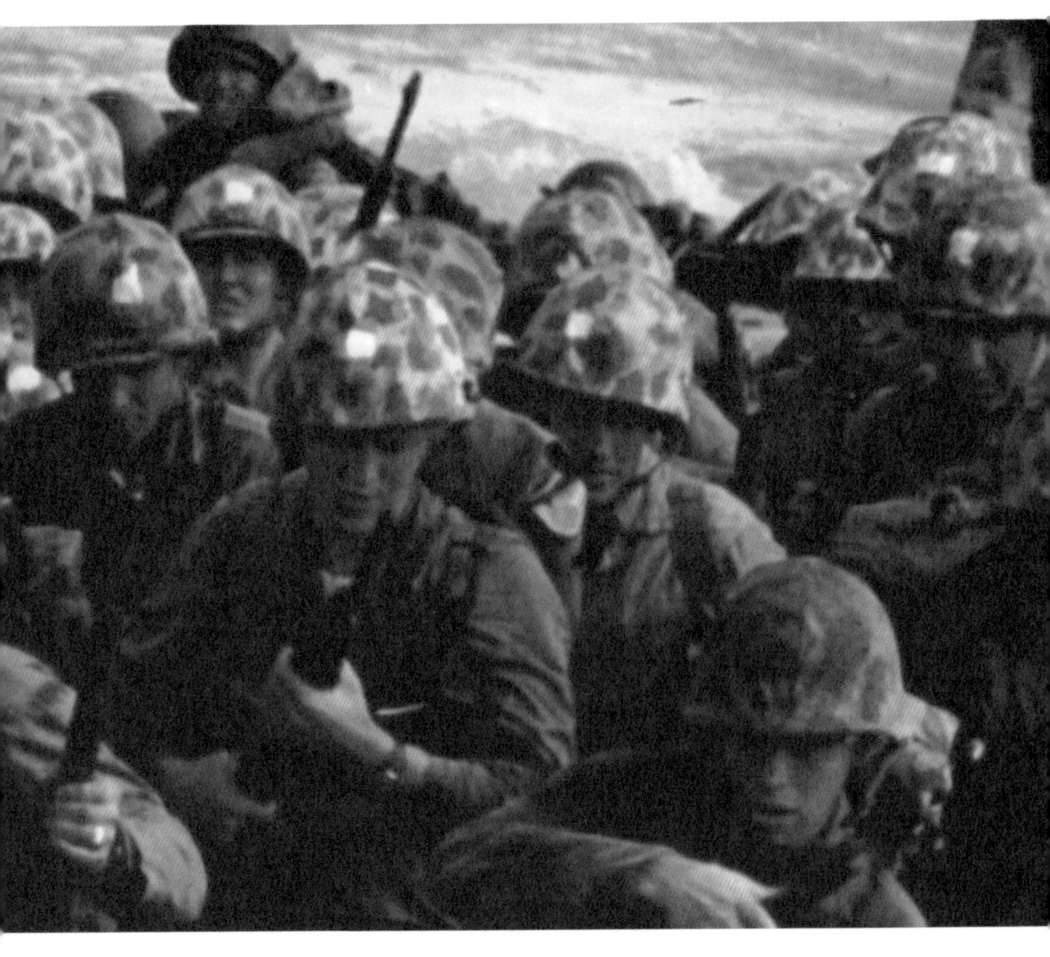

미 해병대원들이 이오지마에 상륙하고 있다.
〈이오지마 해안으로(To the shores of Iwo Jima)〉. 미 해병대 영상, 사우스캐롤라이나 대학교 소장

미 해병대 영상, 사우스캐롤라이나 대학교 소장

D-Day(1945년 2월 19일),

26일간에 걸친 미 해병대 역사상 가장 힘들었던 상륙 작전의 첫날.

500척의 상륙정이 3천 야드(약 2.74㎞)의 해변을 향해 전진합니다.

_〈이오지마 해변으로〉, 미 해병대 영상, 사우스캐롤라이나 대학교 소장

(진군의) 발판인 이오지마 남쪽 끝,
스리바치산이 미군에 함락되었습니다.

그러나 앞쪽의 일본군 주요 주둔지는 강철과 콘크리트로 무장한 채 이것이 시작일 뿐임을 보여 주고 있었죠.

우리는 2주에 걸쳐 스리바치산의 수많은 일본군을 제거했습니다. 그러나 섬에는 땅굴과 사격 진지, 동굴에서 싸우는 일본군이 수천 명이나 있었습니다. 우린 그런 곳을 일일이 찾아다니며 일본군을 끌어내야 했습니다.

_〈이오지마 해변으로〉, 미 해병대 영상, 사우스캐롤라이나 대학교 소장

▶ 동굴에서 나오는 포로들. 미 해군통신대 영상, 미국 국립문서기록관리청 소장

이오지마의 동굴에는 한국인이 많았다. 먼저 잡힌 일본인이 동굴 속 동료들에게 나오라고 외쳤다. 숨어 있던 한국인이 동굴에서 나와 동료들에게 나오라고 외쳤다. 한 명, 두 명, 동굴에 숨어 있던 사람들이 나왔다. 활짝 웃고 있는 사람도, 어리둥절한 표정의 사람도 있었다.

"동굴 안에는 일본인과 약 76명의 한국인이 섞여 있었고, 두 집단은 동굴 속에서 싸웠다. 한국인은 나가서 항복하기를 원했고 일본인은 한국인이 항복하게 둘 수 없었다. 그러나 먼저 나간 동료들의 외침에 결국 여럿이 동굴 밖으로 나와 항복했다. 먼저 동굴에서 나온 한국인은 한국어로 외쳤다.

나와! 다 괜찮아. 안전해!"

_미 해군통신대 영상, 미국 국립문서기록관리청 소장

한국어로 동료의 이름도 소리쳤다. 포로들을 전부 동굴에서 끌어낸 후 미군이 그린 그림에 따르면, 여러 동굴이 연결되어 있었다.

▶ 동굴에서 나오는 포로들. 활짝 웃는 얼굴이 인상적이다. 미 해군통신대 영상, 미국 국립문서기록관리청 소장

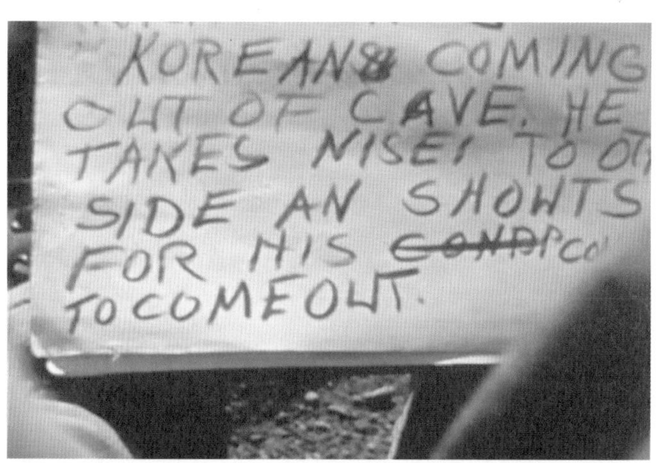
KOREANS COMING
OUT OF CAVE. HE
TAKES NISEI TO OT
SIDE AN SHOUTS
FOR HIS
TOCOMEOUT.

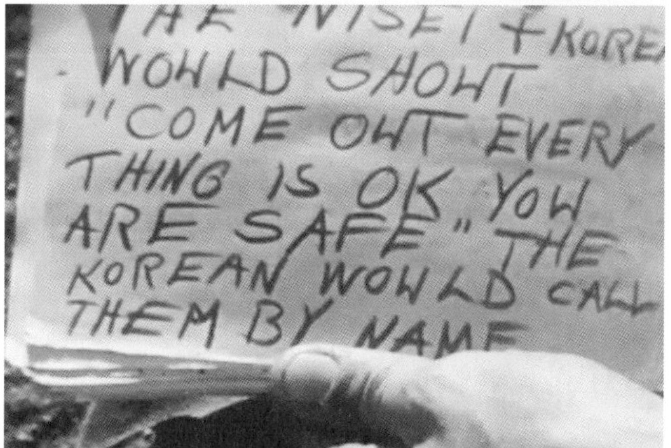
WOULD SHOUT
"COME OUT EVERY
THING IS OK YOU
ARE SAFE" THE
KOREAN WOULD CALL
THEM BY NAME

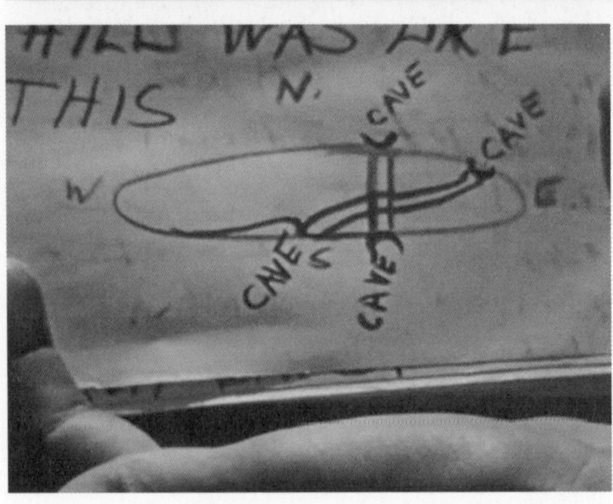

◀ 미군이 그린 동굴 그림

▶ 동굴에서 나와 모여 있는 일본인과 한국인 포로.
미 해군통신대 영상, 미국 국립문서기록관리청 소장

이오지마 전투에서 일본군은 생존자 극소수만 남기고 대패했다. 생존자들은 미군의 일본 본토 공격을 늦추려고 최후까지 지하 요새에서 저항하는 길을 택했다.

그곳에도 한국인이 있었다. 이오지마에 강제 동원된 한국인은 총 200여 명. 그중 군인 22명은 전원 사망했고, 178명의 군속 중 115명이 죽고 63명이 생존했다. 이오지마의 한국인 숫자는 한국 정부가 소장한 명부만을 검토한 것이다.

한국인 포로들은 미군 카메라에 미소를 지어 보였다. 편안함을 찾은 얼굴이다. 고향 사람들을 만나기 위함일까, 머리 손질도 한다. 인생의 가장 찬란한 시절을 이국의 전쟁터에서 보낸 청춘들이 이곳에 있었다.

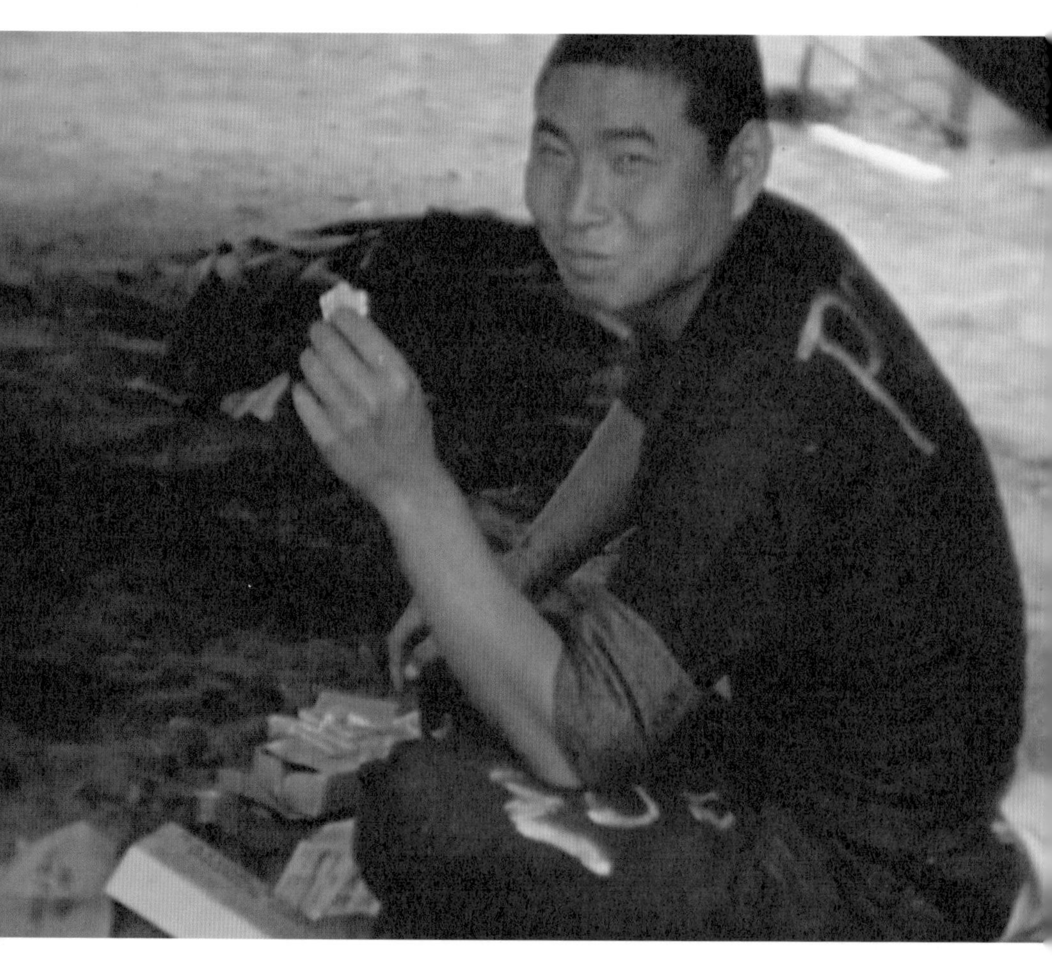

이오지마 수용소 일본 해군에서 군속으로 일했던 한국인 포로. 미 해군통신대 영상, 미국 국립문서기록관리청 소장

일본 해군에서 군속으로 일했던 한국인 포로들. 미 해군통신대 영상, 미국 국립문서기록관리청 소장

▲, ▶ 일본 해군에서 군속으로 일했던 한국인 포로들. 미 해군통신대 영상, 미국 국립문서기록관리청 소장

Kerama, Tokashiki / Japan

게라마, 도카시키

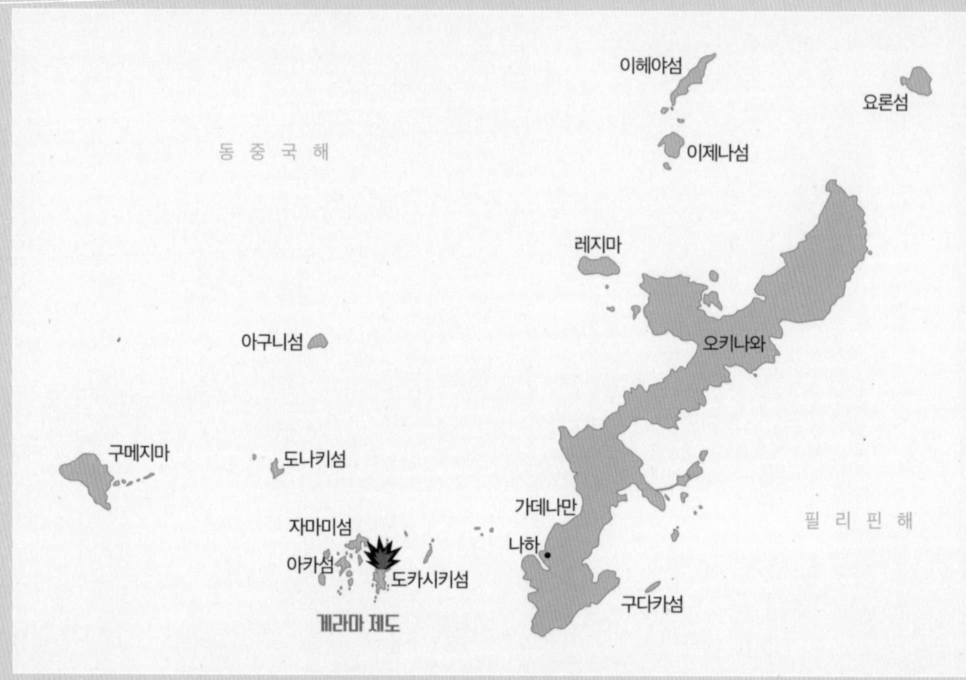
이헤야섬
요론섬
동 중 국 해
이제나섬
레지마
아구니섬
오키나와
구메지마
도나키섬
가데나만
필 리 핀 해
자마미섬
나하
아카섬
도카시키섬
구다카섬
게라마 제도

전쟁 말기, 오키나와 게라마 제도에서 집단 자결이 일어났다.

섬 주민들은 자결용으로 수류탄을 건네받았다.

이오지마가 무너진 후 일본은 본토를 지키기 위해 시간을 끌어야 했다. '큰 것(일본 본토)'을 위해 '작은 것(오키나와)'를 버린다는 사석 작전捨石作戰이 오키나와에서 실행됐다. 본토가 최후의 결전을 준비할 시간을 벌기 위한 지연 작전이었다. 이 작전으로 일본은 한국인 강제 징용자를 다수 포함한 오키나와인 1/4을 죽음으로 몰아넣었다.

일본군의 특공정 비밀 기지가 설치되어 있던 도카시키섬. 1945년 3월 26일, 미군의 공습이 시작되자 섬 주민들은 일본군에게 '기타야마에 집합하라'라는 명령을 받았다. 기타야마의 일본군 참호 가까이 모인 주민들은 미군이 상륙했다는 말을 듣고 패닉에 빠졌다. 마을 이장이 "천황 폐하 만세"라고 외친 후 여기저기에서 수류탄이 폭발하는 소리가 들리며 집단 자결이 시작됐다.

군인에게 받은 수류탄은 불발탄이 많았다. "연합군에게 잡히면 남자는 찢겨 죽고 여자는 강간당한다."라고 반복해 들었던 주민들은 살아남아서 겪을 공포로부터 도망치고자 죽음을 선택해야 했다. 지급받은 수류탄이 터지지 않으면 손도끼나 낫, 괭이, 돌 등으로 가족을 죽였다. 기타야마에 모인 주민 600여 명 중 329명이 이유도 모른 채 선동으로 희생됐다.

1945년, 미군 3대대의 일본인 통역관이 한국인 포로에게 "미군을 피해 숨어 있는 일본인 민간인과 접촉해 항복하라고 설득하라."라고 말하고 있다. 미 육군통신대 영상, 미국 국립문서기록관리청 소장

1945년, 백기를 들고 언덕 쪽으로 걸어가는 한국인 포로. 미 육군통신대 영상, 미국 국립문서기록관리청 소장

Okinawa / Japan

오키나와 본섬

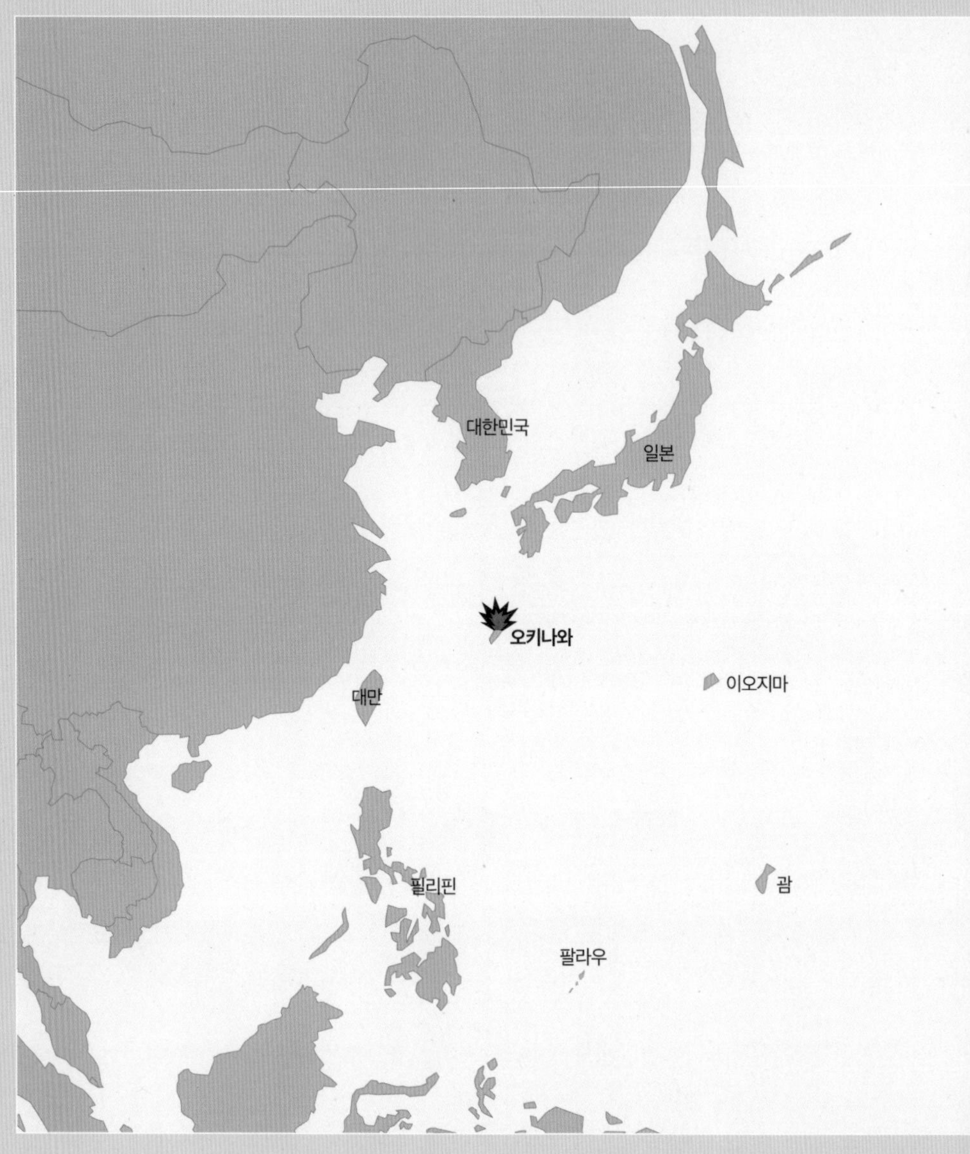
대한민국
일본
오키나와
이오지마
대만
필리핀
괌
팔라우

일본인은 일본 영토 내에서 미군과 전면전이 벌어졌다는 것에 큰 충격을 받았다. 이오지마 전투에 이어 오키나와 전투까지, 전쟁이 점점 일본 본토로 다가오고 있었다.

이오지마를 점령한 미군은 탈환한 지역에서 가장 가까운 규슈 지역을 폭격할 수 있도록 오키나와섬에 상륙을 결정했다. 1945년 4월 1일, 오키나와 북부 가데나만에 상륙한 미군은 일본군의 저항 없이 북부 지역을 장악했다.

일본군은 섬 남부 지역 동굴에 구축한 진지에서 끈질기게 미군에 대항했다. 미군이 방어선을 뚫을 때까지 싸우고, 뚫으면 다음 방어선으로 후퇴하기를 반복했다. 섬 남쪽에 상륙한 미군과 태평양 전쟁 중 가장 대규모의 육지전을 벌인 끝에 6월 23일, 전투가 종결됐다.

이 작전이 끝나는 날,
포로들이 (동굴에서) 나왔다.
미군에게 잡힌 이 한국인은 한쪽 다리가 잘린 채
생존하려고 노력하고 있었다.

_〈오키나와의 미 6해병사단, 1945년 태평양 전쟁〉, 페리스코프 필름

◀ 동굴에서 나온 한국인의 한쪽 다리가 잘려 있다. 페리스코프 필름

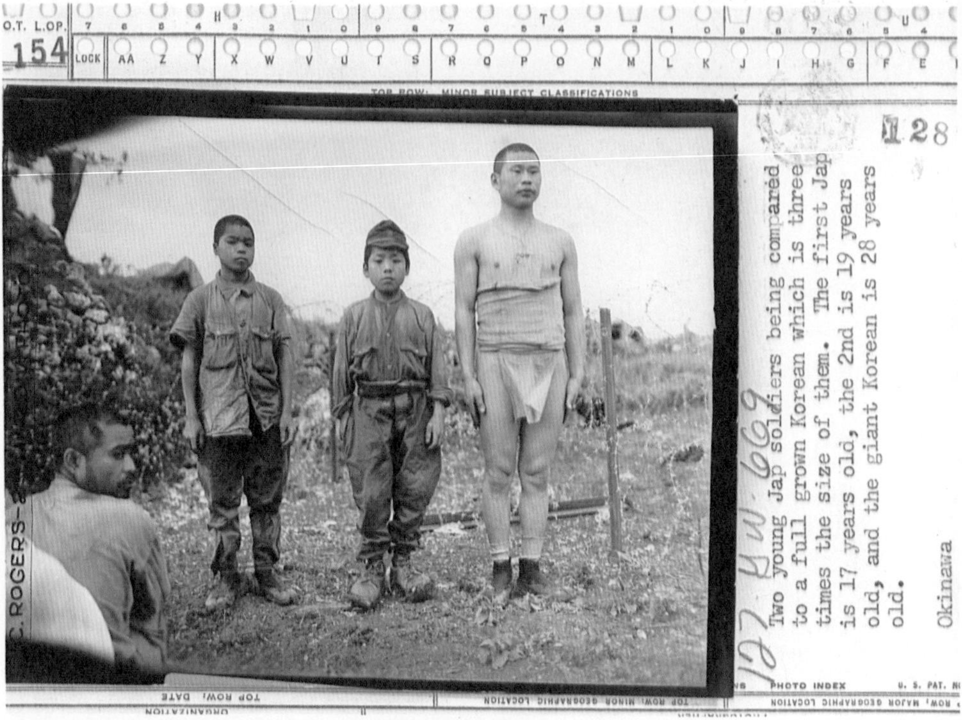

154
128
TOP ROW: MINOR SUBJECT CLASSIFICATIONS
Two young Jap soldiers being compared
to a full grown Korean which is three
times the size of them. The first Jap
is 17 years old, the 2nd is 19 years
old, and the giant Korean is 28 years
old.
Okinawa
PHOTO INDEX

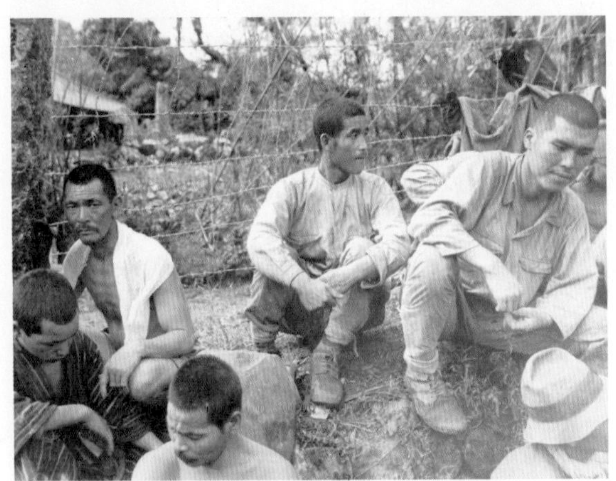

일본인 포로와 한국인 포로 비교. 미국 국립문서기록관리청 소장, 국사편찬위원회 수집

미군은 눈에 익숙지 않은 동양인이 신기하게 보였다. 사로잡은 일본인 포로와 덩치 큰 한국인 포로를 나란히 두고 비교하기도 했다. 이 사진에는 '거인 한국인'이라는 설명이 붙어 있었다. '두 명의 일본군과 그들보다 세 배 정도 큰 성인 한국인 비교. 첫 번째 일본군은 17세, 두 번째는 19세, 거인 한국인은 28세'라는 설명으로 미군이 이들을 얼마나 신기한 눈으로 바라봤을지 짐작할 수 있다.

전쟁의 끝

The End Of The War

Hiroshima, Nagasaki / Japan

히로시마, 나가사키

전쟁의 끝. 미군은 티니안에 일본군 비행장을 확장하고 노스필드 비행장을 건설했다. 일본 본토 공격을 위한 폭격기가 모습을 드러냈다. 미국은 〈포츠담 선언〉•에서 일본에 무조건 항복을 권유했다. 그러나 일본은 받아들이지 않았다. 미군은 전쟁을 끝내려면 이전에 없던 충격이 필요하다고 판단했다. 티니안은 인류가 개발한 가장 강력한 무기, 원자 폭탄의 발진 기지가 됐다. 이곳에서는 히로시마에 떨어진 '리틀보이little boy'와 나가사키에 투하된 원자 폭탄 '팻맨fat man'이 탑재를 기다리고 있었다.

최후의 공격. 원자 폭탄이 폭격기에 탑재됐다. 1945년 8월 9일 새벽, 티니안의 노스필드 비행장에서 이륙한 폭격기가 팻맨을 나가사키에 투하했다.

• 1945년 7월에 미국, 영국, 중국의 3개국 대표가 포츠담에 모여 일본의 항복 조건과 일본 점령지의 처리에 관하여 발표한 선언. 항복 조건은 제국주의적 지도 세력의 제거, 전쟁 범죄인의 처벌, 연합국에 의한 점령, 일본 영토의 제한, 철저한 민주화 등이며, 한국의 독립도 이 선언에서 약속되었다.

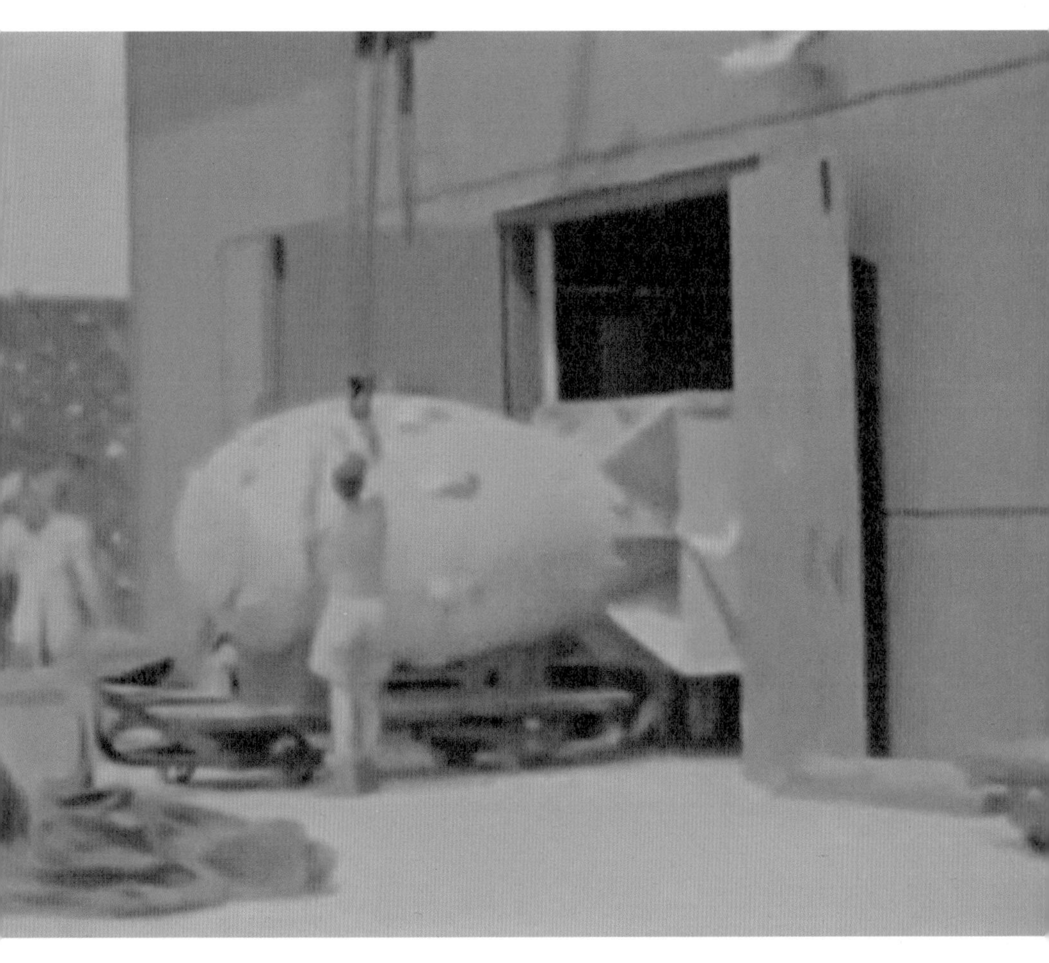

티니안 노스필드 비행장의 팻맨. 국립핵과학역사박물관 소장

 원자 폭탄 팻맨을 탑재하고 있는 미군 B-29 항공기 에놀라 게이. 국립핵과학역사박물관 소장

1945년 8월 6일

티니안에서 B-29 에놀라 게이Enola Gay 출격,

히로시마에 첫 번째 원자탄 폭격

1945년 8월 9일

B-29 박스카Bockscar,

나가사키에 두 번째 원자탄 폭격

원자 폭탄이 떨어지고 생긴 버섯 모양 구름

8월 15일,

일왕은 무조건 항복을 선언했다.

후일담

안녕하십니까.

저는 9월 30일 밤 10시 〈태평양 전쟁의 한국인들〉 방송을 시청하던 중 저희 아버님 모습을 발견해 온 형제와 놀람과 떨림, 흥분 속에 하루하루를 보내고 있는, 아버님의 5남 1녀 중 넷째 아들 양상옥입니다.
제작하신 영상 속에서 저희 아버님은 적십자에서 주선한 한국 노무자 지도자 결혼 사진에서 오른쪽에 들러리로 서 계신 남성분입니다.

2021년, KBS 다큐멘터리 〈태평양 전쟁의 한국인들〉 방송이 끝난 후 김형석 PD는 갑작스러운 연락을 받았다. 영상에 잠깐 등장했던 사진 속 남성이 본인의 아버님이라는 시청자의 메시지였다. 제작진은 티니안 민간인 수용소의 한국인 사진을 방송하기로 결정했지

1944년 11월 10일 티니안 한국인 수용소에서 처음 열린 기독교식 결혼에서 들러리를 서고 있는 양승하 님.
미국 국립문서기록관리청 소장, 알렉산더 아스트로스 수집

만, 사진에 찍힌 개개인의 이야기를 다룰 수는 없었다. 기쁜 마음으로 양상옥 님을 만나 아버님의 자세한 이야기를 들었다. 방송 후에도 아쉬운 마음을 갖고 있던 제작진에게 사진 속 남성이 스스로 본인의 존재를 드러낸 것 같았다.

20대 후반의 양승하 님. 양상옥 제공

사진 속 인물은 전라남도 영광에 살던 양승하 梁承夏 님. 1936년 티니안으로 이민해 현지에서 태평양 전쟁을 겪고 1946년 한국으로 귀국했다. 당시 20대의 양승하 님이 티니안으로 이주한 것은 돈을 벌기 위해서였다. 이미 집을 떠나 함경도에 있는 제철 회사에서 일했던 경험이 있었기 때문에 고향을 떠나는 것은 문제가 되지 않았다. 배에 오르기 전 15일 치 담배를 샀고, "어머니께는 내가 떠났다는 사실을 당분간 말하지 말라." 하고 형제들에게 당부했다. 집에는 임신한 부인과 아들 한 명을 둔 채였다.

먼 길을 떠난 양승하 님이 도착한 곳은 티니안이었지만, 그는 그곳을 '싸이판'이라고 기억하고 있었다. '항상 여름인, 바닷물이 아름다웠던 싸이판'에서 그는 새로운 사람들을 만났다. 이주 후 일본인 아래서 일했지만, 1944년 티니안 전투를 겪고 나서는 사정이 달라졌다.

일본군이 떠나가고 미군이 들어온 섬에는 양승하 님이 바랐던 일상이 있는 것 같았다. 일본군과 미군이 전투를 벌이던 당시, 그는

민간인 캠프에서 있었던 한국인 결혼식에 참석한 양승하 님(뒷줄 오른쪽).
미국 국립문서기록관리청 소장. 알렉산더 아스트로스 수집

미 루스벨트 대통령 당선 축하금을 보낸 사람들의 명단. 좌측 상단에 '랑승하'라는 이름이 보인다.
미국 국립문서기록관리청 소장

동료와 함께 동굴에 숨어 몸을 피했다. 동굴 안에서 미군의 폭격 소리를 들었다. 방울방울 떨어지던 물과 빵나무bread fruit 열매를 먹으며 버티던 때, 한국어로 적힌 미군의 전단을 발견한다. 양승하 님은 생전에 "미군이 헬기로 뿌렸던 전단지에 '동굴 안에 숨어 있는 한국인이 웃옷을 벗어 흔들며 동굴 밖으로 나오면 총을 쏘지 않을 것'이라 적혀 있었다."라고 기억했다.

일본군이 섬에서 철수한 후 양승하 님은 민간인 수용소에서 비슷한 처지의 한국인과 같이 생활했다. 고향인 영광에서도 동료 사이에서 주도적으로 활동했던 그는, 티니안에서도 수용소 지도자가 되어 캠프 내 한국인을 이끌었다. 1944년 11월, 미 적십자사가 준비해 민간인 캠프에서 이루어진 첫 기독교식 한국인 결혼식에서 양승하 님은 신랑 들러리를 맡아 노동자 대표의 결혼을 앞장서서 축하했다. 1945년 2월 루스벨트 대통령이 당선되던 때는 다른 한국인 노동자와 함께 돈을 모아 축하금으로 666원을 보내기도 했다.

일본인이 티니안을 통치하던 시기, 한국인 노동자들은 할당받은 일을 하고 노동에 대한 대가도 거의 받지 못했다. 하지만 미군정하에서 양승하 님은 '아론 존 케인'이라는 미군에게 받은 사탕수수 관리법이 적힌 책 덕분에 사탕수수밭 관리자가 될 수 있었다. 귀국

Page 6

NAME	AGE	SEX	DESTINATION
221. CHANG, Hyun Tai	23	M	Jun Nam Ham Pyung Koon
222. CHANG, Nam Sik	33	M	Jun Nam Kang Jin Koon
223. [illegible], SunOon	22	F	" "
224. CHANG, Wun Pyo	27	M	Jun Nam Ham Pyung Koon
225. CHOI, Sang Ook	25	M	Yung Kwan Koon Chun Nam
226. CHOI, Ie Yul	33	M	Jun Nam Kwang Yang Koon
227. CHOI, Sang Soon	30	M	Jun Nam Kwang Yang Koon
228. CHUN, Sung Oon	28	M	Jun Nam Ham Pyung Koon
229. HAM, In Kwun	24	M	Jun Nam Kwang Yang Koon
230. HUR, Man Sun	25	M	Jun Nam Kwan Yang Koon
231. HUR, Sam In	26	M	Jun Nam Kwang Yang Koon
232. JANG, Nam Soo	29	M	Jun Nam Kwang Yang Koon
233. " Kyoo Duk	30	F	" "
234. JOO, Dal Hyun	52	M	Jun Nam Kwang Yang Koon
235. JUN, Hak Joo	33	M	Jun Nam Kwang Yang Koon
236. JUNG, Man Suk	28	M	Jun Nam Kwang Yang Koon
237. JUN, Sung Soo	22	M	Jun Nam Ham Pyung Koon
238. KANG, Dai Sun	28	M	Yung Kwang Koon Chun Nam
239. KIM, Chang Soo	47	M	Yung Kwang Koon Chun Nam
240. KIM, Dai Yoon	32	M	Yung Kwang Koon Chun Nam
241.			
241. KIM, Ki Lai	34	M	Jun Nam Kang Jin Koon
242. " Ir Suk	11	M	" "
243. KIM, Kum Tong	24	M	Jun Nam Kang Jin Koon
244. " Sook Ja	19	F	" "
245. KIM, Saing Soo	55	M	Jun Nam Kwang Yang Koon
246. KIM, Yung Soo	28	M	Jun Nam Ham Pyung Koon
247. LEE, Bok Man	24	M	Jun Nam Kang Jin Koon
248. LEE, I Suk	22	M	Yung Kwang Koon Chun Nam
249. LEE, Jai Kyung	23	M	Jun Nam Ham Pyung Koon
250. LEE, Kun Sup	35	M	Jun Nam Ham Pyung Koon
251. LEE, Sung Soo	37	M	Jun Nam Kwang Yang Koon
252. LEE, Suk Nam	23	M	Jun Nam Kwang Yang, Koon
253. LEE, Yoon Sup	29	M	Jun Nam Ham Pyung Koon
254. O, Soo Wun	24	M	Jun Nam Kang Jin Koon
255. PAK, Jai Kil	29	M	Jun Nam Kwang Yang Koon
256. " Jum Le	19	F	" "
257. PAK, Han Kyoo	41	M	Jun Nam Kwang Mang Koon
258. PAK, Jong O	28	M	Jun Nam Kwang Yang Koon
259. SIN, Choon Wun	32	M	Jun Nam Kwang Yang Koon
260. " Jum Le	17	F	" "
261. SHIN, Chung Kun	28	M	Yang Kwang Koon Chun Nam
262. " Chun Ok	16	M	" "
263. YANG, Man Chai	25	M	Jun Nam Kang Jin Koon
264. YANG, Sung Ha	29	M	Yung Kwang Koon Chun Nam
265. " Dal Lai	19	F	" "
266. [illegible], Jai Bong	24	M	Jun Nam Ham Pyung Koon

264번에 보이는 양승하. 국사편찬위원회 소장

후에도 편지를 주고받으며 두 분은 인연을 이어 갔다.

한국인 노동자가 주도적으로 활동할 수 있었다는 점 외에도, 미군정하에서는 일본 통치 때보다 정당하게 노동에 대한 대가를 받았다. 노동자들은 임금을 모아 미래를 준비할 수 있었다. 미군정에서 번 돈으로 당시 고가품이었던 '미싱'을 샀고, 남은 돈과 같이 부산항으로 귀국할 당시 가져오기도 했다.

귀국 후 양승하 님은 가족과 함께 종종 티니안에서의 생활을 회상했다. 아버지 양승하 님 주변에 모여 가족들은 '싸이판' 이야기를 들었다. "바닷물이 아름다웠던 그곳에서 살아 돌아온 것은 기적"이라고 말씀하셨다. 분명 고생하셨을 테지만 '싸이판'을 회상하며 불편한 이야기는 한마디도 하지 않으셨던 아버지. '항상 여름인 곳'이라던 아버지 추억의 공간이 사이판이라고 믿고 있었던 자녀들은 아버지 양승하 님의 발자취를 찾아보려 2019년 사이판에 방문하기도 했다. 당시 그들이 찾은 것은 한국인 귀환자 명단이었다. 명단에는 아버지 양승하 님의 이름과 성별, 나이, 주소가 기록돼 있었다. 제작진은 확인을 위해 국사편찬위원회에서 한국인 귀환자 명단을 찾아보았고, 264번에서 양승하 님의 존함을 발견할 수 있었다.

양상옥 님은 방송에서 아버지의 젊은 시절 사진을 본 순간을 '아버님이 하늘에서 전화를 주신 것 같았다'라고 기억했다. 영상과 사진 속 인물에 대한 실마리를 찾아다녔던 제작진 역시 반갑고 감사한 것은 마찬가지였다. 더 많은 사진 속, 영상 속 인물이 이름을 찾을 기회가 많아지기를 바란다.

태평양 전쟁 유해 송환기

취재 작가 **김희은**

태평양 전쟁 당시 '피의 타라와 전투'라고 불릴 만큼 치열한 전투가 벌어졌던 타라와 환초 베티오섬. 미 국방부는 2015년부터 이곳에서 유해 발굴 작업을 진행했다. 그 결과, 미군 유해가 아시아계 유해와 뒤섞여 발견됐다.

미 국방부는 태평양 지역에서의 미군 유해 수습을 원활히 하고자 일본과도 10여 년 이상 협력 관계를 유지해 오고 있었다. 미국은 보통 현장에서 발굴된 유골이 자국민 유골이 아니라고 판단하면 상대국 발굴단에 인계하는데, 이 과정에서 일본 NGO가 수습한 유골이 DNA 검사 등 개인 식별 절차도 없이 현장에서 바로 화장되고 있었다. 일본 쪽 유해에 한국인 유골이 있을 가능성이 크기 때문에 한국인 유해가 소실될 우려가 있었다.

2018년, 대한민국 국방부 유해발굴감식단은 미국 DPAA(미 국방부 전쟁 포로 실종자 확인국) 하와이 지부의 진주현 박사(한국 전쟁 프로젝트 총괄)로부터 비공식 연락을 받았다. DPAA가 타라와 등 태평양 주요 격전지에서 미국인 희생자 유해를 발굴하고 있는데, 발굴된 아시아계 유해에 한국인 희생자로 추정되는 유골이 있을 수 있다는 연락이었다. 당시 타라와섬에서의 유해 발굴은 DPAA가 위탁한 History Flight에서만 수행하고 있었고, 일본의 NGO 단체는 철수한 상태였다.

한국 외교부는 미국과 키리바시 공화국에 'DPAA가 발굴한 아시아계 유해를 일본으로 일괄 인계하지 않을 것'을 요청하는 동시에 일본 정부에도 '유해를 화장하거나 임의로 처분하는 것을 금지하고 한국인으로 추정되는 유해의 경우 반드시 한국에 통보해 줄 것'을 촉구했다. 한국 내에서의 노력도 이어졌다. 한국 정부는 2018년 10월 행정안전부 과거사관련업무지원단 내에 강제 동원 희생자 유해 봉환 전담 부서를 설치했다. 한국인으로 추정되는 유해가 발굴되면 신속하게 유족과 신원을 대조하기 위해 행정안전부 산하 기관인 국립과학수사연구원NFS에 유전자 식별 정보 데이터베이스도 구축했다. 확인된 타라와 강제 동원 피해 신고 희생자 391명의 명단을 통해 유족 184명에 대한 유전자 검사 시스템도 미리 확보했다.

이러한 한국 정부의 노력은 2019년 타라와 발굴 46번 유해 시료의 신원을 확인하면서 빛을 발한다. 약 70년간 묻혀 있던 개인의 역사가 세상에 드러나게 된 것이다. 돌아오지 못한 희생자에 대한 추도 순례를 다녀오는 것이 전부였던 타라와에서 한국인 유해를 확인했다는 사실은 놀라울 수밖에 없었다. 한NFS, 미DPAA, 일MHLW이 타라와 현지 유해를 공동 감식(법의학, 유전자 검사)했고, 아시아계 추정 시료 145개를 한국으로 가져올 수 있었다. 국과수NFS는 유전자 식별 정보 데이터베이스에서 '타라와 #46'과 일치하는 정보를 찾아냈다.

타라와에서 발견된 46번 유해는 1942년 11월, 25살의 나이에 아내와 어린 두 아들을 두고 일본 군속으로 강제 징용된 故 최병연 님이었다. 일본이 작성한 구 해군 군속 신상 조사표에는 그의 사망 일자가 1943년 11월 25일로 기록돼 있다. 그가 고향을 떠날 당시 100일도 안 되었던 둘째 아들은 이제 여든이 넘은 할아버지가 됐다.

故 최병연 님과 함께 당시 타라와에 투입된 한국인 군속은 1,200여 명에 이른다. 나흘간 이어진 치열한 전투에서 일본군 17명과 한국인 노무자 129명을 포함한 146명을 제외하고 일본군은 전부 현장에서 사망했다. 생존자 129명을 제외하면 아직 1천여 명의 한국인 희생자들이 그곳에 잠들어 있을 것으로 추정된다.

▲▲ 타라와 베티오 섬 발굴 구역. 황동준 제공

▲ 46번 타라와 유해. 황동준 제공

드론으로 촬영한 46번 타라와 유해 발굴 구역. 황동준 제공

2019년 확인된 故 최병연 님 유해의 송환은 신종 코로나 바이러스 감염증(코로나19) 사태로 아직 이루어지지 못하고 있다. 하지만 故 최병연 님 유해 확인은 인도주의적 차원에서 한국인 희생자의 유골이 확인된 첫 사례였다. 이를 계기로 한국 정부는 2019년 7월 DPAA와 한국 NFS 간에 양해 각서MOU를 체결해 '태평양 전쟁 강제 동원 희생자 유해 발굴 및 신원 확인 관련 한미 국가 간 과학기술 분야 협력 체계'를 구축하기로 협약했다. 또한 일본이 관례적으로 해오던 유골 화장을 금지하는 방침이 정해졌으며, 전사자의 국적을 식별하는 과학적 분석 시스템을 마련하게 되었다.

행정안전부 강제동원희생자유해봉환과 황동준 전 과장(2019년 타라와 유해 봉환 총괄)이 이번 강제 동원 희생자 유해 봉환 취재에 큰 도움을 주었다. 황 전 과장은 현 상황의 유해 봉환 제도와 시스템에 아쉬움을 드러냈다.

• 1위(位)는 신주, 또는 위패로 모신 신을 세는 단위

2015년 3월 기준 대일항쟁기강제동원피해조사및강제동원희생자등지원위원회(대일항쟁기강제동원위원회)에 신고된 강제 동원 사망자는 1만 7,568명, 행방불명자는 6,146명이다. 하지만 이는 피해 신고된 인원만을 추산한 것으로, 당시 훨씬 더 많은 인원이 희생되었을 것으로 보인다. 그동안 한국 정부는 일본 및 러시아 정부와의 협의로 대일 항쟁기 강제 동원 희생자 9,351위• 를 송환했다. 유족과 민간 단체에서도 최대 8,880여 위가 돌아왔으며, 유족 등의 민원과 신청으로 1,153위 위패가 봉환됐다(2020년 12월 31일 기준). 그러나 그간 정부가 진행한 강제 동원 희생자 봉환이 대부분 일본과 러시아 사할린 지역에서만 이루어졌다는 점은 아쉽다. 사이판, 팔라우 등이 속한 남양 군도와 파푸아뉴기니가 속한 솔로몬 제도 등 태평양 전쟁 주요 격전지에서의 희생자 유해 봉환은 한 차례도 이루어지지 않았다.

더 많은 유해가 고국으로 송환되려면 한미일 세 나라의 공동 참여 방안과 협력 체계의 제도화가 필요하다. 황 전 과장은 이를 위해 세 나라가 태평양 지역 유해 발굴과 감식에 대한 공동 참여 방안을 마련할 것과 타라와 희생자 유해 확인을 통해 얻어 낸 인도주의적 협력 체계를 제도화하기 위한 한미일 3국 간 양해 각서MOU의 체결을 제안했다.

희생자 유해 관련 전문가 집단에 대한 지원도 이루어져야 한다. 전문가를 양성하고 국민적 관심을 확장하려면 행정안전부, 외교부, 국과수, 국방부, 민간 전문가 등과의 긴밀한 공조가 필요하다.

국제관계에서 태평양 전쟁 희생자 유해 봉환의 중요성이 낮고, 현시점에서 코로나19 팬데믹을 맞아 강제 동원 희생자의 유해 문제가 논의되고 진전될 가능성은 매우 낮을 것으로 전망된다. 그러나 유해 봉환 사업은 그 중요도와 관계없이 계속돼야 한다. 한국 정부는 일본 정부와 대화와 타협을 통한 실리적 명분을 찾는 데 고민이 필요할 것이다. 언제 있을지 모를 강제 동원 희생자 유해 문제에 대한 전향적인 태도 변화에 대비해 실현 가능한 사안별로 대안을 미리 마련하고 준비하는 것을 잊어선 안 된다.

"무엇보다 전쟁으로 한국과 중국, 대만 등
여러 나라의 수많은 젊은이가 희생되었음을 기억해야 합니다."

하루라도 빨리 희생자들이 고국으로 돌아갈 수 있도록 돕는 것. 그것이 후세에 전쟁에 동원돼 무고하게 목숨을 잃은 희생자를 기리는 일이며 지난 전쟁을 반성하는 태도가 아닐까. 유가족들의 간절한 바람이 하루빨리 이루어지길 바란다.

영상 목록

| 2021년 9월 방송 |

제목	내용
Pearl Harbor Attack	진주만 공격
Battle of Midway - Part II	미드웨이 해전
TARAWA INVASION, GILBERT ISLANDS	타라와
United News the capture of Tarawa from Japan	타라와
Landing, General Action, LCVP, LVT, and LSCP Landing Vehicles, Japanese Prisoners, Tarawa - 1943	타라와의 포로들
ARMY-NAVY SCREEN MAGAZINE, NO. 21	타라와
With the Marines at Tarawa	타라와 전투
Tarawa aftermath	포로들 동영상
2nd Div activities on Tarawa	해변의 포로들
MARINES LAND, FIGHTING ON TARAWA IS	포로들 동영상
New films of US victory in the Marshall islands	콰잘레인
INVASION OF KWAJALEIN, MARSHALL ISLANDS (MICRONESIA)	해변의 여성 포로들, 심문받는 포로들
ABOARD SHIP AND LANDING - CARLSON ISLAND, KWAJALEIN, MARSHALL ISLANDS GROUP	지도 보는 포로들

제목	내용
MARINE LANDING OPERATIONS; Japanese PRISONERS; EVACUATING OF WOUNDED,MARSHALL IS	해변의 포로들
Battle of Kwajalein Atoll operation Flintlock WW2, invasion of Marshall islands	콰잘레인 전투 후 사상자 수, 포획된 한국인 노동자 수
CAMP CONSTRUCTION ACTIVITIES, ENIWETOK IS., MARSHALL GROUP	콰잘레인
MARINES ROUT JAPS FROM CLIFF & CAVES; Japanese WOMEN JUMP OVER CLIFE AT SAIPAN	사이판 동굴 전투 및 포로 투신
FILM ON SAIPAN	사이판 상륙 작전
WRECKAGE ON SAIPAN; NATIVE WOMEN & CHILDREN	사이판
SUSUPE CIVILIAN INTERNMENT CAMP	사이판 수용소
Natives in Tinian	민간인들
Korean civilians in Tinian	미 해병대, 민간인들
Tinian, Little boy and fat man	티니안에서 B-29 항공기에 원자 폭탄 팻맨을 싣는 미군
CONSTRUCTION ACTIVITY ON TINIAN AIRFIELD	비행장 건설
INVASION OF SAIPAN, MARIANAS ISLAND GROUP	물 마시고 빵 먹는 한국인들
INVASION OF SAIPAN, MARIANAS ISLAND GROUP	육지 전투
LT GEN ROBERT C RICHARDSON INSPECTS SAIPAN ISLAND, MARIANAS IS, W PACIFIC	해변의 민간인들
BOMBARDMENT OF GUAM AND TINIAN: NAVAL ACTIVITY OF SAIPAN & TINLAN	미군 상륙 작전
History of Micronesia	미크로네시아의 한국인들
General scenes on Iwo Jima	수용소의 한국인들
To the shores of Iwo Jima	이오지마
Japanese prisoners of war; Iwo Jima	동굴에서 나오는 포로들

제목	내용
MASS SURRENDER OF JAPANESE TROOPS, OKINAWA, RYUKYU ISLANDS	오키나와
AAF WEATHER STATION, KYOTO, JAPAN ; KOREAN CAMP, FUKUOKA, JAPAN	폐허가 된 나가사키 시가지
History of Micronesia	미크로네시아의 한국인들

| 2022년 6월 방송 |

제목	내용
United States troops take over Tokashiki and Geruama Island prior to invasion of Okinawa	동굴 안에 숨은 일본인을 설득하기 위해 백기를 들고 걸어가는 한국인
THE 6th MARINE DIVISION ON OKINAWA 1945 PACIFIC CAMPAIGN WORLD WAR II	다친 한국인 병사
Japanese Prisoners of War at Peleliu island, Palau, during World War	펠렐리우
GIs with Japanese prisoners and dead Japanese on a beach in Buna, New Guinea during the Battle of Buna-Gona	부나-고나 전투
Fall of Buna Mission	부나 지역 한국인 포로들
salamaua campaign paved way for later New Guinea offensives	뉴기니의 일본 작전 전개도
Activities of Australian Women's Army Service in Lae New Guinea	뉴기니 라에 지역 포로수용소
Investigation into conditions on board Japanese ship Yoizuki	요이즈키 함 사건

제목	내용
SCOOP! 1000 MEN AND WOMEN JAMMED ON TINY DESTROYER	요이즈키 함 사건
CINESOUND REVIEW NO. 0837	요이즈키 함 사건
How the Yoizuki affair developed	요이즈키 함 사건
Need wider Yoizuki probe	요이즈키 함 사건
Repatriation of Japanese troops from Rabaul	라바울에서 송환되는 한국인들
Korean repatriation	고국으로 송환되는 한국인들
Capture of prisoners on Iwo Jima	이오지마
US troops take key Japanese bases in the Makin Islands during the World War II	마킨

참고 문헌

Alexander Astroth, *Mass Suicides on Saipan and Tinian, 1944*, McFarland Publishing, 2019

Dorothy Elizabeth Richard, Lieutenant Commander, U.S.N., *United States Naval Administration of the Trust Territory of the Pacific Islands- The wartime military government period, 1942-1945*, US Office of the Chief of Naval Operations, 1957

Pacific War, Britannica, https://www.britannica.com/topic/Pacific-War (2022.03.06)

How the Yoizuki affair developed, Truth(Sydney), 1946.03.10
https://trove.nla.gov.au/newspaper/article/168770929?searchTerm=Yoizuki%20Korean
(2022.03.22)

Full text of Yoizuki Report, The Sydney Morning Herald, 1945.03.21
https://trove.nla.gov.au/newspaper/article/17973094?searchTerm=simpson%27s%20
report%2C%20yoizuki%2C%20korean (2022.03.22)

Need wider Yoizuki Probe, Tribune(Sydney), 1946.03.22
https://trove.nla.gov.au/newspaper/article/206682424?searchTerm=Yoizuki%20Korean
(2022.03.22)

김명환, <『남양군도귀환자명부』를 통해 본 해방 직후 조선인의 남양군도 재류현황>, <한국근현대사 연구> 85호, 한국독립운동사연구소, 2018

김명환, <일제 말기 남양군도 지역 한인 노무자 강제동원 연구>

김민철, <호주군에 수용된 조선인 전쟁 포로>, <한국민족운동사연구> 89호, 한국민족사학회, 2016

김유비, <아시아·태평양 전쟁기 한인 전쟁 포로의 심문조서 분석>, <한국독립운동사연구> 74호, 2021, pp.305~343

대일항쟁기 강제동원 피해조사 및 국외 강제동원 희생자 등 지원위원회, 일제 말기 이오지마 강제동원 조선인 피해 실태 기초 조사

대일항쟁기 강제동원 피해조사 및 국외 강제동원 희생자 등 지원위원회, 활동결과 보고서

심재욱, <'태평양 전쟁'기 일본 특설해군설영대의 조선인 군속 동원 -제15특설해군 설영대의 사례를 중심으로->, <한국민족운동사연구> 106호, 2021, pp.291~360

황동준, <일제강제동원 희생자 유골봉환의 성과와 과제>, 2019

도움 주신 기관, 도움 주신 분들

호주 전쟁기념관(Australian War Museum)

브리티시 파테(British Pathe)

크리티컬 패스트(Critical Past)

로스앨러모스 국립연구소 기록보관소 및 국립핵과학역사박물관(Los Alamos National Laboratory Archives & National Museum of Nuclear Science & History)

미크로네시아 세미나(Micronesian Seminar)

호주 국립도서관(National Library of Australia)

호주 국립 영화 및 녹음 보관소(National Film and Sound Archive of Australia)

북마리아나 인문회(Northern Marianas Humanities Council)

페리스코프 필름(Periscope Film)

사우스캐롤라이나 대학교(University of South Carolina)

미국 국립문서기록관리청(National Archives)

국사편찬위원회

알렉산더 아스트로스(Alexander Astroth)

정혜경 박사

김명환 박사

심재욱 박사

황동준 행정안전부 강제동원희생자유해봉환과 전 과장, 2019년 유해 봉환 담당

태평양 전쟁의 한국인들

초 판 1쇄 인쇄 · 2022. 5. 25.
초 판 1쇄 발행 · 2022. 6. 2.

지은이 다큐멘터리 〈태평양 전쟁의 한국인들〉 제작팀, 이상아
발행인 이상용
발행처 청아출판사
출판등록 1979. 11. 13. 제9-84호
주소 경기도 파주시 회동길 363-15
대표전화 031-955-6031 팩스 031-955-6036
전자우편 chungabook@naver.com

ISBN 978-89-368-1205-8 03900